세일즈 인사이트

세일즈 인사이트

영업의 성과는
어디에서 오는가

구자원 · 전중훤 지음

한나래플러스

세일즈 인사이트

지은이 | 구자원·전중훤
펴낸이 | 한기철

2015년 10월 21일 1판 1쇄 박음
2015년 10월 31일 1판 1쇄 펴냄

펴낸곳 | 한나래출판사
등록 | 1991. 2. 25 제22−80호
주소 | 서울시 마포구 월드컵로3길 39, 2층 (합정동)
전화 | 02−738−5637 · 팩스 | 02−363−5637 · e−mail | hannarae91@naver.com
www.hannarae.net

ⓒ 2015 구자원·전중훤
published by Hannarae Publishing Co.
Printed in Seoul

ISBN 978−89−5566−187−3 13320

당신만의 '인사이트'를 가져라!

신인상주의 화가 조르주 피에르 쇠라(Georges Pierre Seurat)의 〈그랑드 자트 섬의 일요일 오후〉라는 유명한 작품이 있다. 언뜻 보면, 파리 센강 주변의 평화로운 한때를 그려낸 듯한 그다지 특이할 것 없는 작품이다. 하지만 이 그림은 처음으로 '점묘기법'을 사용한 까닭에 미술사에서 중요한 위치를 차지한다. 쇠라는 붓으로 면을 칠하는 대신, 점을 수천, 수만 개 찍음으로써 독특한 느낌의 작품을 완성했다. 하지만 누군가 그 그림을 가까이서 보겠다는 마음에 앞으로 다가선다면, 전체의 풍경은 사라지고 '점'이라는 부분만 도드라질 것이다.

'인사이트(insight)'는 '통찰'을 뜻한다. 그렇다면 '통찰'이란 무엇일까? 어떤 현상 혹은 대상을 부분으로만 보는 것이 아니라, 전체로도 보고, 나아가 부분을 관통하는 핵심 줄기까지 파악하는 능력이 바로 '통찰'이다. 위에서 말한 쇠라의 작품을 대입해서 생각하면 이렇다. 그림을 '색깔이 있는 점들'로만 보는 것이 아니라, 몇 발자국 뒤로 물러서서 하나의 '작품'으로 볼 줄 아는 능력이 통찰이고, 보색 관계의 점을 한 군데 찍음으로써 개성 넘치는 화풍을 완성했다고도 볼 줄 아는 능력이 통찰이다.

요즘 사회 각 분야에서 통찰(력)이라는 말을 유난히 자주 사용하는 것 같다. 세계는 날로 복잡하고 다양해지고 있다. 따라서 한 세계를 구성하는 부분과 전체를 모두 파악할 수 있는 눈을 가진 사람만이 생존하거나 리드할 수 있다. 통찰(력)이라는 말을 자주 쓴다는 것은, 바꾸어 생각하면 그런 능력을 가진 사람을 모두 애타게 찾고 기다린다는 의미가 된다. 날로 복잡하고 다양해지는 것은 영업의 세계 또한 마찬가지다. 과거에 자신이 성공해 본 경험이 있다고 해서 그 방식만을 고집해서는 생존할 수 없다. 때로 고객을 유혹하거나 심지어 기만하던 영업방식은 이제 더 이상 설 자리가 없다. 나의 회사, 나의 고객, 나의 파트너, 확고한 비전—이 모두를 통합하여 미래를 선도할 수 있는 눈이 없다면, 영업인으로서 당신이 설 땅은 점차 사라지고 말 것이다.

지금은 분명, 영업에서 '인사이트'의 중요성이 그 어느 때보다 강력하게 요구되는 시대다. 이 책 《세일즈 인사이트》에는 당신을 통찰력 있는 영업인으로 성장시키기 위한 저자들의 경험과 방법론을 담았다. 하지만 이 책을 읽으면 누구나 성공적인 영업인이 될 수 있다고 단언하지는 않겠다. 오히려 우리는 이 책을 일종의 '내비게이션'이라고 생각한다. 내비게이션이 목적지까지 가는 효과적인 길을 안내해줄 수는 있다. 그러나 직접 차에 오르든, 바이크를 몰든, 혹은 달려가든 스스로 노력하지 않는다면 영원히 출발지점에 머물게 될 것이다.

멈춰서 안주할 것인가, 아니면 자신만의 '인사이트'를 찾기 위해 노력하고, 결국 그것을 성취해 리드하는 사람이 될 것인가. 선택은 당신의 몫이다. 부디, 필자들의 내비게이션을 통하여 또 한 명의 멋진 영업인이 탄생하길 기원하고 응원한다.

2015년, 연구실과 영업현장에서
구자원·전중훤

■ CONTENTS

💡 **PART 2 영업의 성과는 어디에서 오는가**

SALES 💡
INSIGHT

방향부터
점검하라

영업!
고객을 위한 전략적
방향이 먼저다*

우리나라 양궁은 두말할 나위 없이 세계 최고의 실력을 자랑한다. 이에 대해서는 어느 누구도 이의를 제기하지 않을 것이다. 올림픽 경기가 열릴 때마다 우리 국민들은 당연히 한국 선수가 금메달을 따리라 기대한다.

그러면 양궁에서 가장 중요한 것은 무엇일까? 전문가가 아니어도 알 수 있듯이, 한가운데 표적을 쏘아 맞히는 것이다. 한 발로 10점 만점을 얻는 것이 핵심이다. 이때 정확히 표적의 정중앙을 맞히려면 수많은 요인을 고려해야 한다. 즉 활의 상태, 선수의 컨디션, 바람의 세기와 방향, 관중의 환호성에도 흔들림 없는 집중력, 그리고 상대 선수의 실력 등, 이 모든 요인이 영향을 미친다. 그중에서도 무엇보다 중요한 것은 방향성과 거리다. 방향이 잘못되면 표적에서 벗어나게 된다. 거리를 잘못 판단해도 표적을 벗어나 버린다. 따라서 고려해야 하는 사항은 방향과 거리를 맞추기 위해 존재한다. 힘을 조절하고, 활의 상태를 점검하고, 관중의 환호성을 극복하고, 상대 선수에 대한 심리적 압박을 극복하는 것은 모두 방향과 거리를 맞추어 화살

---

* 이 글은 〈동아비즈니스리뷰〉(March 2015, Issue 1, No. 172, pp. 164-167)에 게재된 필자의 원고 "화살이 좋다고 과녁에 맞는 게 아니다! B2B 영업, 고객 위한 방향부터 잡아라"를 재구성한 것이다.

을 과녁에 명중시키기 위한 준비과정이라 할 수 있다.

기업 간 거래(B2B) 영업에서도 무엇보다 중요한 것이 있다. 바로 전략적 방향이다. B2B 영업은 일반 기업과 소비자 간 거래(B2C)에 비해 복잡한 과정을 통해서 표적에 이르게 된다. 그 표적이 바로 수주라는 성과이다. B2B 영업에서 수주는 단순히 제품의 기능만을 가지고 접근해서는 안 된다. 그것은 마치 양궁에서 활의 성능만을 믿는 것과 같이 단편적인 생각이다.

그렇다면 B2B 영업에서 전략적 방향이란 과연 무엇을 의미하는 것일까?

고객과 한 방향을 바라보라

많은 영업담당자가 실수하는 것이 있다. 고객이 추구하는 가치를 무시한 채 자사의 솔루션이 고객의 문제를 해결해 줄 것이라고 자신하고 그 솔루션만 강조하는 점이다. 고객이 바라보는 방향과 영업담당자가 생각하는 방향이 전혀 다르니 공감을 얻지 못하고, 성과가 있을 리 만무하다. 고객과 한 방향을 바라보기 위해서는 나를 내려놓고 고객의 반응을 살펴야 한다. 성과를 내야 한다는 조급함을 내려놓지 않으면 고객이 어느 부분에서 고민을 하는지, 또 어느 부분에서 반응을 보이는지 좀처럼 알 수 없기 때문이다.

H기업의 사례가 있다. 필자가 H기업에 대해 영업기회를 알게 된 것은 제작발표회까지 모두 마친 후였다. 하지만 H기업에서 원하는 사항은 물론이고, 미처 설명하지 않은 부분까지 포함해서 컨설팅을 하여 그 기업에서 발주한 프로젝트를 수주할 수 있었다. 그야말로 막판 뒤집기에 성공한 것이다. 이후에도 H기업은 전략고객이 되어 50억 상당의 추가 고도화 프로젝트를 내게 맡겨 주었다.

H기업에 대한 정보를 처음 들었을 때 그 회사는 기존 시스템을 고도화하는 프로젝트를 이미 발주한 상태였다. 발주금액은 15억 원이었는데, 중소기업 입장에서 이 금액은 적은 액수가 아니었다. H기업은 안정된 프로그램을 위해 이 프로젝트를 대기업의 시스템통합(SI,

System Integration) 업체에게 맡기고 싶어 했고, 그 과정에서 내심 시스템을 발주한 자사가 갑(甲)이라고 생각하고 있었다. 그런데 제안요청서(RFP)를 보낸 뒤 막상 제안서를 받아보니 SI 대기업들은 15억 정도의 프로젝트에 많은 에너지를 쏟지도, 그렇다고 성의를 보이지도 않았다. 한마디로 말해서 참여한 대기업들은 되면 하고, 안 되어도 그만이라는 식의 태도를 보였던 것이다. 요청사항에 대해서도 적극성을 보이지 않다 보니 교섭을 하는 데 있어서도 구매자인 H기업에 파워(power)가 있을 리 만무했다.

이러한 정황을 파악한 나는 몇 가지 전략적 방향을 가지고 고객사인 H기업을 설득해 나갔다. H기업이 원하는 바는 안정적인 기술력을 통한 시스템의 고도화, 지속적인 유지보수, 자사의 비즈니스 모델에 맞게 프로그램을 맞춤화(customizing)하는 것 등이었다. 이와 함께 가격경쟁력 또한 있기를 원했으며, 말하자면 갑의 위치에서 업무를 리드하고 그들의 의견에 잘 따라주기를 바라는 속내도 내비쳤다. 이러한 숨은 요구사항들을 파악한 나는 고객의 문제를 하나씩 해결할 수 있는 방안을 제시했다.

우선 가장 중요한 것은 프로젝트를 안정적으로 마무리하여 납기를 준수하는 것이었다. 여러 차례 대기업들과 프로젝트를 진행하면서 터득한 고도화 방법론에 대해 의견을 제시했다. 무상유지 보수기간도 경쟁기업보다 길게 3년으로 확대 제안했고, 여기에 기존 SI 대기업들이 제안한 금액에서 1억 원 정도의 비용을 절감했다. 진심을 다해 고객을 대하는 것이야 당연한 것이지만, 진심으로 기업을 위한다는 마음이 고객사에 느껴지도록 했다. 고객과 한 방향을 바라봤던 것이 수주를 따낸 비결이었다.

고객의 나침반이 되라

이것은 고객과 한 방향을 바라보는 것보다 더 어려운 일이다. 고객을 그 자신보다 더 잘 파악하고, 고객이 아직 인식하지 못한 문제점을 분석하고 제안해야 하기 때문이다. 그러기 위해서는 영업역량만 가지고는 안 된다. 컨설팅 역량이 필요하다. 고객사를 냉정하게 분석하고 고객에게 필요한 것이 무엇인가를 정리하는 기술이 중요하다.

필자는 한때 SI 대기업의 BA(Business Analysis)직군에 속해 일한 적이 있다. BA직군은 영업, 기술, 컨설팅 역량을 고루 갖추어야 한다. 즉 BA직군은 영업뿐만 아니라 필요에 따라서는 컨설팅 현장에도, 프로젝트 현장에도 투입될 수 있어야 한다. 2006년에 필자는 C사의 프로젝트에 1년 정도 투입되어 프로젝트 리더로 활동했다. C사는 중견기업 규모의 케이블 방송 서비스를 제공하는 회사였다. 당시 현장의 실무담당자들로부터 C사가 장기적으로 어떠한 시스템 로드맵(road map)을 확보할 것인지에 대한 고민이 크다는 것을 알게 되었다.

이때부터 6개월 정도 프로젝트를 진행하는 틈틈이 인터뷰 내용과 고객사 자료를 기초로 하여 C사의 3년간의 시스템 플랜(system plan)을 수립하는 작업을 진행했다. 컨설팅 방법론을 통해 C사가 처한 환경, 경쟁사, 자사 요인들을 분석하고 향후 C사의 사업 방향을 예측했다. 우선 환경분석(circumstance) 및 경쟁자(competitors) 분석을 통해

C사가 현재 진행 중인 사업의 트렌드 및 경쟁구도를 식별하였다. 당시 케이블 방송 시장에는 기존의 케이블 방송 경쟁자 외에도 새로운 경쟁자에 대한 준비작업이 필요한 시점이었다. 통신 서비스 업체들이 IPTV(Internet Protocol TV)사업을 통해 방송사업에 진출을 꾀하고 있었기 때문이다. 통신사업자는 이동통신 서비스, 유선 인터넷 서비스, IPTV 서비스가 가능한 인프라(infrastructure)를 구축하고 케이블 방송사를 위협하고 있었다. 이에 자사(company)의 요인분석을 통해 새롭게 도래하는 경쟁에 적극적으로 대응하기 위한 방안으로 Triple-play 서비스[디지털 방송, 유선 인터넷, VoIP(Voice over Internet Protocol; 인터넷 기반 전화)]가 가능한 방향으로 시스템을 고도화해야 할 필요성을 제기했다.

이러한 과정을 통해 1차, 2차 및 3차에 걸친 시스템 고도화 방안을 정리하고, 프로젝트 종료 시점에는 고객사 임원진 앞에서 이를 발표했다. 54가지의 중점 개선사항을 분야별로 구분하고, 우선순위를 고려한 발전 방향을 단계별로 정리하였다. 1차 고도화는 C사의 최종 고객에게 Triple-play 서비스를 제공하기 위한 통합 인프라를 구축하는 단계이다. 2차는 시스템 안정화와 고객별 맞춤 서비스를 제공할 수 있는 기반을 마련하는 것이었으며, 3단계는 마케팅 활용도를 높이기 위한 확장된 시스템을 설계하고 구축하는 것이었다. 이러한 고도화 단계는 향후 고객이 Triple-play 서비스 이외에 필요한 서비스를 추가할 경우까지를 고려한 것이다.

발표 후 C사는 컨설팅 자료를 약간 수정해서 발전 방향으로 삼았다. 이후 해당 프로젝트를 수주하는 쾌거를 이룰 수 있었다. 고객이 가야 할 길을 몰라서 헤매고 있을 때, 고객의 나침반이 되어 올바른 방향을 제시할 수 있어야 한다.

💡 INSIGHT 01-03

고객의 사업과 고객의 고객까지
책임져야 한다

B2B 영업과 B2C 영업의 가장 큰 차이점 중 하나로 고객의 구매의도를 들 수 있다. 일반 소비재나 자동차, 보험 등을 사는 고객의 목적은 소비나 미래를 위한 준비에 있다. 하지만 B2B 기업의 구매는 단지 준비에 그치지 않는다. 구매를 통해서 최종 고객에게 새로운 서비스나 새로운 제품을 제공하기 위한 또 다른 목적이 존재한다. 그렇기 때문에 영업은 자신이 판매하는 제품이나 서비스가 한 기업의 성공과 실패를 가름할 수 있다는 것을 충분히 이해해야 한다. 한순간의 판매에 대한 욕심이 고객을 잘못된 방향으로 이끄는 경우가 있다. 이는 단순한 판매를 넘어 최종 고객에게까지 피해를 입히는 심각한 상황을 만든다는 사실을 잊지 말아야 한다. 인터넷 쇼핑몰 기업과 택배 배송업체 간의 서비스 계약은 B2B 거래이다. 하지만 택배 배송업체가 어떻게 하느냐에 따라 고객의 최종 고객에게 가장 좋지 않은 영향을 미칠 수도, 혹은 가장 좋은 영향을 미칠 수도 있다.

해외에 나가 보면 한국의 IT 환경이 얼마나 잘되어 있는지 실감하게 된다. 원하는 장소와 시간에 인터넷을 마음껏 사용할 수 있고, 스마트폰을 이용해 원하는 정보를 언제든 얻을 수 있다. 필자가 처음으로 진행한 해외 프로젝트는 네팔에 있는 사설 이동통신 서비스 U기업이다. 해외영업치고는 운이 좋은 경우로, 6개월 정도의 제안기간과 현지 PT를 마치고 감격스런 수주의 기쁨을 맛보았다.

환경이 워낙 열악한 탓에 현지에서 체류해야 하는 1년 6개월이라는 프로젝트 기간이 까마득하게만 느껴졌다. 현지에서 사용할 휴대폰을 개통하는 데 1주일 이상이 걸린다는 말을 전해 들었을 때는 정말이지 귀를 의심하지 않을 수 없었다. 한국에서는 상상조차 할 수 없는 일이다. 한국에서 개통까지 걸리는 시간이 10분이 넘어가면 고객들이 짜증을 내기 시작하는데 말이다. 상황이 이렇다 보니 제안 초기에 우리가 제안한 개통시간 최대 10분에 대해 고객사에서는 믿을 수 없다는 반응을 보였다. 만약 우리말대로 고객 한 명당 휴대전화 개통시간이 30분 이내라고 하면 네팔의 기존 국영 통신업체에 비해 U사는 엄청난 경쟁력을 갖게 되는 것이었다. 거기에다 건물의 전원이 불안정해서 24시간 서비스를 수행하지 못하는 문제점까지 해결하면 U사는 네팔에서 어쩌면 최고의 이동통신 서비스를 제공하는 업체가 될 수 있을 듯했다.

우리는 이러한 고객사의 경쟁력을 확보하기 위해 해당 서비스를 오픈한 후 파격적으로 10년간의 무상 유지보수를 제안했다. 또 OP(operation) 인력 1명을 상주시켜 밤시간대에 발생할 수 있는 다양한 문제점에 대해 실시간으로 해결할 수 있도록 하였으며, 전산실과 시스템 아키텍처(system architecture)를 24시간 운영이 가능하도록 설계하였다. 이러한 과정을 통해서 우리는 고객사의 신뢰를 얻어 2차 및 3차 고도화에 참여할 수 있었다. 우리는 단순히 고객이 요청하는 서비스를 넘어 유지보수 및 운영환경을 제공했고, 이러한 노력은 고객사의 최종 고객의 만족을 통해서 고객사가 지속적인 경쟁 우위를 갖는 데 공헌하는 역할을 할 수 있었다.

영업담당자에게 전략적 방향은
계약 이후 시작된다

택배 서비스의 경우를 살펴보자. 영업담당자가 쇼핑몰 회사와 자사 간에 계약을 체결하고, 그것으로 자신의 역할을 다했다고 생각해서는 안 된다. 만일 그렇게 생각한다면 해당 영업담당자는 택배운송 서비스가 잘 이루어지고 있는지에 대해서는 전혀 신경을 쓰지 않을 것이기 때문이다. 택배 서비스가 최종 고객에게 만족할 만한 서비스를 제공하지 못했다고 생각해보라. 어쩌면 쇼핑몰 업체는 택배업체의 잘못된 서비스로 인해 이미지에 큰 타격을 입을 수도 있다. 그러기에 영업의 역할은 계약 체결 시점에서 끝나는 것이 아니다. 영업은 고객사와 계약을 체결한 이후부터 본격적인 자신의 의무가 시작됨을 잊어서는 안 된다. 현장에서 이루어지는 과정을 살펴보고, 최종 고객의 만족까지를 점검해야 한다.

L사의 사례가 있다. M사는 기존에 이미 3차에 걸친 프로젝트를 통해서 L사와 깊은 신뢰관계를 형성하고 있었고, L사와의 연간 거래 규모만도 300억 원이 넘었다. 그런데 M사에서 새로 도입한 제품에서 문제가 발생했다. 신제품 도입 과정에서 L사는 당연히 이번에도 자사가 수주할 것을 장담한 나머지 적극적인 업무 지원을 소홀히 했다. 이때 L사의 경쟁사인 S사는 해당 분야에 직접적인 기술력을 확보하지

는 못했지만 협력업체와의 컨소시엄을 통해서 L사의 약점을 파악하고 M사에 적극적인 영업활동을 펼쳤다. 결국 M사에게 한순간 신뢰를 잃은 L사는 신규 제품의 납품에 실패했다. S사는 현업 담당자들로부터 최근에 L사가 납품한 제품의 유지보수 과정이 잘 이루어지지 않는다는 사실을 파악하여, 소극적인 대응을 하는 영업의 틈새를 노려 철옹성만 같았던 장벽을 무너뜨린 것이다. 즉 L사의 영업담당자는 프로젝트가 거듭되면서 고객사인 M사의 현장에서 들려오는 소리에 무감각해졌고, 이는 결과적으로 막대한 수주 손실로 이어지게 되었다.

반면, L사의 다른 영업담당자는 K사와의 거래에서 놀라운 성과를 거두었다. 그는 현장에 깊이 관여해 프로젝트 관리자와의 협업을 통해 수시로 발생하는 이슈를 정리하고, 이를 현재 프로젝트에서 할 수 없는 영역과 지원 가능한 영역으로 구분했다. 이후, 현재 프로젝트에서 할 수 없는 업무 영역에 대해서는 협상을 통해 신규 프로젝트로 이끌어냈다. 이러한 방식은 이후에도 지속적으로 이루어졌고, K사와 L사는 전략적 협업관계에 이르게 되었다. 이는 영업담당자 한 사람의 태도에 따라 동일한 고객에게서 새로운 비즈니스가 지속적으로 창출될 수도 있음을 보여준 사례다. 이처럼 영업의 역할은 단순히 계약 시점에서 끝나는 것이 아니라, 특정 제품이나 서비스의 라이프 사이클(life cycle) 전반에 걸쳐 함께해야 한다.

우리는 영업회의를 하면서 "그래서 우리 전략은 뭔데?"라는 말을 참 많이 듣는다. 그리고 방향성이 없는 '방식'만을 이야기한다. 진정한 영업전략의 방향성은 현장에 존재한다. 영업담당자가 현장에서 전략을 찾지 않는 것은 잘못된 방향으로 가는 지름길이다. 영업의 방식은 누구나 알고 있다. 그 방식이 잘못됐다는 것이 아니다. 고객에게 투영될 수 있도록 현장 깊숙한 곳에서 실행을 통한 전략이 될 수 있도록 해야 한다는 것이다. 그 동안의 영업전략 수립방식이 마치 운전을 책으로 배운 것과 같다면, 이제는 차를 몰고 도로로 나가야 한다는 것이다. 실시간으로 변화하는 도로와 교통의 상황에 따라 반사적으로 대처할 수 있도록 숙련시켜야 한다.

영업 또한 마찬가지다. 영업현장에는 수도 없이 많은 변수와 기회, 위협 요인이 공존한다. 그 느낌은 고객으로부터 시작해서 고객으로 이어져야 하며, 고객을 통해 완성돼야 한다. 그 느낌이라는 것을 보이도록 만드는 것이 숙련된 영업담당자의 경험이고 자질이다. 그런 연후에야 어느 곳으로 운전을 해야 할지, 어느 방향으로 활을 당겨야 할지를 찾을 수 있을 것이다. 방향이 설정된 이후에야 힘의 강도, 마인드, 자세, 발사 시점 등이 의미가 있다.

이제 우리는 어떤 전략을 쓰는 것이 우리에게 좋을지를 논의하기보다는 어떤 전략적 방향이 고객에게 더 큰 이익을 줄 것인지를 고민해야 한다.

어떤 사람은 한정된 시간과 한정된 자원(혹은 역량)으로 훌륭한 성과를 낸다. 하지만 어떤 이는 아무리 열심히 노력해도 도대체 영업성과가 나지 않는다. 나는 이 문제를 개인에게서도 발견하곤 한다. 어떤 사람은 한 해가 지나면 지날수록 성과물이 생긴다. 책을 내고, 잡지나 신문에 기고를 하고, 자격증을 취득하고, 학위를 받는다. 그런데 어떤 이는 해가 가도 그 모습 그대로이다. 역량이 부족해서일까, 아니면 노력이 부족해서일까? 나는 이러한 현상을 전략의 부재에서 찾고자 한다. 동일한 시간과 노력을 쏟으면서 눈에 보이는 결과를 창출해 내는 방법이 필요하다. 무엇을 할 것인가에 대한 방향을 설정하라. 영업의 경우는 성과지표가 될 수 있고, 신규고객 발굴 건수가 될 수도 있다. 그리고 일정 시간 몰입하라. 성과를 내지 못하는 영업담당자들의 대표적인 특징이 바로 이 두 가지를 하지 못하는 데 있다. 방향성이 없고, 우왕좌왕하며, 남들이 하면 무작정 따라서 한다. 그러다 보니 몰입이 되지 않는다. 고객을 위한 방향, 나를 위한 방향을 설정하라. 그러고 나서 반기나 분기, 연 단위로 성과를 돌아보라. 분명히 달라져 있을 것이다.

나는 매년 1월 1일 내가 하고자 하는 일에 대한 방향성을 세운다. 목표라는 말로 대변해도 좋겠다. 책 1권 집필, 논문 3편 게재, 기고 5편 등과 같이 구체적으로 세운다. 그런데 신기하게도 연말이 되면 설정한 목표 부근에서 성과가 달성된다.

명심하라. 방향이 잘못되었다면 아무것도 이루어지지 않는다.

전략과 실행을 일치시켜 SHIFT하라*

영업에서 전략과 실행이 일치되지 않는 경우가 많다. 전략과 영업이 각각 별개의 업무로 처리되기 때문이다. 이를 극복하고 효율적으로 영업하려면 어떻게 해야 할까? SHIFT를 기억하라.

1. Share: 전략 수립에 수반되는 모든 것을 공유하라.
2. Harmony: 고객과 완벽하게 조화를 이뤄라.
3. Interface: 전략과 영업은 상호 교류하라.
4. Field: 전략을 영업현장과 일치시켜라.
5. Target: 명확한 목표를 설정하라.

프랭크 세스페데스(Frank Cespedes) 교수는 그가 쓴 글 'Putting sales at the center of strategy'**에서 영업과 전략의 일치(alignment)에 대해 강조하고 있다. 일상의 대화에서 영업은 '전략'에 대해 이야기한다. 그런데 수립된

---

* 이 글은 〈동아비즈니스리뷰〉(April 2015, Issue 2, No. 175, pp. 113-117)에 게재된 필자의 원고 "Share+Harmony+Interface+Field+Target. 전략과 실행 일치한 'B2B 영업' 키워드"를 재구성한 것이다.

** Frank Cespedes (2014). Putting sales at the center of strategy. *Harvard Business Review*.

전략은 잘 실행되지 않는다. 아니, 영업에서 이해조차 하지 못한다. 왜 이런 현상이 발생하는 것일까? 놀랍게도 우리의 영업전략은 현장에서 작성되지 않았기 때문이다. 전략을 수립하는 전략가(planner)와 현장에서 이를 실행하는 영업자(doer) 간에 너무 큰 시각 차이를 가지고 있기 때문이다. 오죽하면 'strategy priests'와 'sales sinners'라는 표현을 사용했을까 싶기도 하다. 오로지 10% 미만의 기업만이 수립한 전략을 효과적으로 실행하며, 전략 수립 시 계획했던 재무성과(financial performance) 또한 평균 50~60% 정도밖에 달성하지 못한다고 한다. 미국에서 영업을 위해 사용하는 연간 누적 비용이 $900 billon인데도 말이다. 이 비용은 고객 대상 광고비용의 3배, 온라인 미디어(online media) 비용의 20배, 소셜 미디어(social media) 비용의 100배에 이르는 금액이다. 필자는 그 이유를 세스페데스 교수가 인용한 한마디에서 깊은 공감을 갖게 되었다. "People can't implement what they don't understand (이해하지 못한 것은 실행할 수 없다)."

전략가가 수립한 전략을 영업이 의미 있게 이해하고 실행할 수 있는 방법은 무엇일까? 필자는 SHIFT 프레임워크를 통해 영업전략의 새로운 변화 방향을 제시해 보고자 한다. SHIFT 프레임워크는 공유(Share), 조화(Harmony), 인터페이스(Interface), 현장(Field), 목표(Target)로 이루어져 있다.

전략 수립에 수반되는 모든 것은 공유되어야 한다
Share

영업에서 정보의 공유는 단순한 사실의 공유 그 이상의 의미를 가진다. 다시 말해, 영업현장에서 영업담당자 개개인이 확보한 자료(data)는 공유하는 과정에서 정보(information)로 새롭게 해석된다.

자료는 그 자체만으로는 의미를 해석할 수 없는 경우가 많다. 그러나 이러한 자료가 가공되면 의미가 부여되고, 전략을 수립할 수 있는 방향이 나타나게 된다. 즉 정보가 되는 것이다. 정보는 그 자체만으로 의미를 해석할 수 있으며, 기업과 고객이 원하는 것을 이룰 수 있게 해준다.

예를 들어, 한 개인의 고객 자료(raw data)는 별다른 의미를 갖지 못한다. 하지만 수천, 수만, 수십만, 더 나아가 수백만 이상의 고객 자료가 모이고, 이를 가공하게 되면 엄청난 의미가 부여되고 가치를 창출하게 된다. 이 가공된 정보에 기반하여, 특정 고객이 선호하는 제품이나 서비스가 최적화되어 안내되고, 그에 따라 구매 확률이 높아지게 된다. 마케팅에서는 고객을 세분화할 수 있으며, 집중해야 하는 고객을 식별해낼 수 있고, 고객에게 어떤 모습으로 다가갈지에 대해 그 위상(positioning)을 설정할 수 있다. 영업담당자의 특성에 따라 집중해야 하는 고객군(customer group)을 달리 가져갈 수 있으며, 이는 곧바로 영업성과로 이어지게 된다.

그런데 이러한 정보가 공유되지 않는다면 이 모든 것은 결코 이루어질 수 없게 된다. 현장에서 다루어지는 모든 것은 가공되기 전에 공유되어야 하고, 공유되기 이전이 수집(collecting)되어야 한다. 수집되는 자료는 사실에 기초해야 한다. 정보처리 분야에서 흔히 하는 말로, 쓰레기가 들어가면 쓰레기가 나오기 때문이다(garbage in, garbage out).

다시 반대로 거슬러 올라가 보면, 사실에 기반을 둔 자료는 훌륭한 분석가에 의해 정보가 되고, 이러한 정보는 전략 수립의 기초가 되며, 전략의 실행을 통해 성과를 이루게 된다. 이 모든 과정의 기저에는 공유(sharing)가 전제되어 있다. 그런데 전략을 수립하는 전략가와 실행하는 실행자 사이에 정보와 전략의 공유가 제대로 이루어지지 않기 때문에 실행에 진정성이 없고, 성과로 이어지지 않는 것이다.

전략가는 영업전략(혹은 기업의 전략)을 수립할 때 너무 많은 가정을 하게 된다. 우선 현업에서 전략가가 가장 많이 하는 가정은 전략의 가장 근간을 이루는 자료에 대한 가정이다. 전략가가 영업전략을 수립하는 과정에서 참조하는 전년도 영업실적 자료는 모두 가정에서 나온 것이다. 영업실적 자체는 사실인데 왜 가정적(assumed)인 자료라고 하는가? 그건 바로 영업자료는 마출 실적이 숫자로 표현된 것일 뿐, 영업전략 수립에서 가장 중요한 매출액 이면의 상황에 대한 현상(facts)이 파악되지 않았기 때문이다. 전년도 대비 10% 매출 성장을 가정하고 영업전략이 수립된다. 그 이후는 모든 것이 전년 대비 10%의 숫자를 맞추기 위한 두 번째 가정의 시작일 뿐이다. 이러한 두 번째 가정의 오류에 빠지지 않기 위해서는 영업현장에서 수집된 실질적인 자료와 현상을 함께 공유해야 한다.

세 번째 가정은, 전략 수립 보고서는 말 그대로 보고용이라고만 여기고 현장에서 쓰이지 않을 것이라 생각한다. 지금까지 늘 그래왔듯이 말이다. 전략팀에서 작성한 문서의 검토 회의에서조차 임원들의 관심은 늘 무언가 새로운 전략적 방향에 초점이 맞추어져 있다. 그 자체가 나쁘다는 것이 아니다. 다만, 그저 늘 듣던 이야기가 아닌 자극적인 것에 매달리다 보니 현장에서 이를 실행하기에는 많은 장벽이 존재하기 일쑤이다. 어쩌면 고급스러운 단어들의 조합이 멋들어진 영업전략의 출발점이라 여겨지고 인정되는 순간이라 할 수 있다. 그리고는 전략을 수립하는 전략가나 이를 검열하는 리더는 현장의 어려움을 토로하는 목소리에 열정과 도전의식이 부족하다는 몇 마디의 말로 영업직군을 무능력한 집단으로 치부해 버린다.

잘못된 첫 번째 가정이 발생하지 않도록 하기 위해서는 다시 한 번 강조하지만 현장의 자료가 전략 수립에 투입될 수 있도록 공유되어야 한다.

전략의 방향은 고객과 완벽하게 조화를 이루어야 한다

Harmony

필자는 어느 날부터인가 재미있는(?) 실험을 하고 있다. 물론 나만 아는 실험이다. 영업전략회의를 할 때마다 가능하면 말을 아끼고, 어떻게 회의를 진행하는지 한 달 정도 지켜보는 것이다. 그런데 놀라운 사실을 하나 발견하였다. 영업회의가 끝나는 순간 고객은 온데간데없다는 것이다.

회의가 진행되는 패턴은 이러하다. 팀장이 회의를 주재하고, 팀원들은 돌아가며 자신이 담당한 고객사의 현황 및 영업진행 상황을 보고한다. 현재진행형으로 잘 진행되는 고객을 담당한 영업담당자는 별 다른 추궁을 받지 않고 무사히 보고를 마친다. 그런데 "고객사에서 특정 협력사의 제품을 선호하는데 그 협력사는 경쟁사와 관계가 좋아서 걱정입니다."라고 문제점을 보고하는 영업담당자에게는 날카로운 질문이 쏟아진다. "그래서 협력사를 우리 편으로 만들 방법이 없나요?", "고객사를 우리 협력사 제품으로 설득할 방법은 없어요?", "그 협력사와 우리가 기존에 거래하던 거 없어요? 압력을 넣을 만한 건 없나요?" 그러면 담당자는 힘없이 말한다. "그게 아직…, 추가로 알아보겠습니다." "네, 더 알아보고 보고하세요."

이렇게 한 바퀴 돌고나면 다들 슬슬 지쳐 가고, 회의는 우리가 할 수 있는 것이 무엇인가, 우리에게 필요한 것이 무엇인가, 혹은 우리가 제공할 수 있는 것이 무엇인가를 이야기하고 마무리된다.

이런 세부적인 영업전략회의뿐만 아니라, 분기-반기-연간 영업전략계획을 점검하고 수립하는 시점에서도 상황은 비슷하다. 연초에 세운 목표대비 달성률이 몇 %이고, 달성률이 모자라면 달성 방안에 대해 이야기한다. 고객 밀착형 영업을 통해서, 혹은 영업 네트워크를 총동원해서 달성하겠다고 하는 실속 없는 힘찬 결의를 한다. 목표를 달성한 경우조차도 조기에 매출 목표를 달성할 수 있는 방안을 모색하고, 추가 수정 목표를 새롭게 지시 받는다.

하지만 모든 회의는 다르게 마무리되어야 한다. 그 전략이 고객에게 어떤 의미가 있고, 또 어떤 경제적 이익이 있는지를 스스로에게 물어야 한다. 그러면 위에서 했던 질문은 "고객사는 왜 그 협력사의 제품을 선호하는지 알 수 있을까요?"로 바뀌게 된다.

그리고 우리의 전략은 수정되어야 한다. 고객사가 원하는 것을 만족시키기 위한 추가적인 질문들을 스스로에게 해야 한다. 그러면 해답이 나온다. 그런 다음 이를 고객사 및 협력사와 공유하고 좀 더 개선된 방안을 제시해야 한다. 이것이 고객과 완벽하게 조화를 이루는 우리의 전략 방향이 되어야 한다.

전략과 영업의 인터페이스가
존재해야 한다
Interface

영업직군 종사자들에게 "당신의 영업전략을 담당하는 전략가가 어디에 있는지 아시나요?" 하고 질문하면 모두들 당황해 하는 표정들이다. 영업전략을 담당하는 전략가가 어디에 있는지 알고 모르고를 떠나서, 그러한 지원을 해주는 전략담당 조직이 존재하지도 않기 때문이다.

대기업인 H사의 영업직군 종사자 50여 명의 영업교육을 진행할 때의 일이다. 영업활동에서 가장 중요하게 생각되는 요인들이 무엇인지에 대해 설문조사를 했다. 대부분의 영업담당자가 경쟁 환경, 경쟁자에 대한 분석이 무엇보다 중요하다고 대답했다. 회사의 지원, 자신의 영업 스킬 및 역량과 같은 내부 요인에 대해서는 단 한 명도 중요하다고 답변하지 않았다. 그런데 영업성과를 달성하는 데 있어 가장 중요한 것이 무엇인가를 묻는 질문에는 대다수가 회사의 내부적 요인을 꼽았다. 첫 번째 질문은 두 번째 질문에 비해 좀 더 거시적이고 포괄적인 질문이고, 두 번째 질문은 결과를 중심으로 한 구체적인 질문으로 여겨진다. 영업담당자들의 대답에서 영업과 전략의 현주소를 알 수 있었다. 대다수의 영업담당자들은 경쟁 환경이나 경쟁사 분석과 같은 활동은 영업전략의 영역에 해당하고, 회사의 지원, 영업 스킬, 역량 등은 현장에서 활용되는 영업성과에 직결되는 요소로 인식하고 있다.

또한, 많은 영업직군은 전략 수립에 대한 구체적인 교육을 받은 적이 없다. 이러한 연유로 영업전략의 실체를 모른 채 막연히 그러한 것이 필요하다고 생각하고는 있으나, 정작 영업전략이 현장에서 어떻게 활용되는지에 대해서는 중요하게 생각하지 않는다. 좀 더 엄밀하게 표현하자면 도대체 영업전략이 무엇인지를 모른다는 것이다. 더구나 영업전략을 수립하는 영업전략담당자는 좀처럼 찾아보기 어려운 실정이다. 대부분의 전략담당자는 신사업개발팀이나 경영기획팀에 속해 있기 마련이고, 기업 수준의 전략(corporate-level strategy)을 담당하기에 벅찰 만큼 업무량이 많은 것이 현실이다.

이러한 상황에서 영업전략을 수립하고, 검토하고, 공유하는 것은 꿈도 꾸지 못할 일이다. 기존 체제에서 전략담당자가 수립한 전략은 기업의 전체적인 방향성에 관한 것이고, 영업이 눈여겨봐야 할 것은 매출 목표 달성밖에는 없다. 기업 수준의 전략이 사업부 수준 전략(business-level strategy)으로 구체화되고, 다시 기능 수준(functional-level strategy)이나 운영 수준(operational-level strategy) 전략으로 세분화되어 공유되는 절차가 생략되면서 전략은 현장에서 실효성을 거두지 못하고 사라지게 된다.

이제 현실적인 대안을 찾을 때가 왔다. 전략을 만드는 성직자(strategy priest)와 영업을 하는 죄인(sales sinner)이 아닌, 전략가와 영업이 만든 영업전략(sales strategy)이 필요한 때가 온 것이다. 현실적으로 전략가가 현장 상황을 짧은 시간 안에 파악하고, 고객들을 만나는 것은 상당히 어려운 일이다. 그러면 어떻게 해야 할까? 전략가는 전략 수립을 위한 프레임워크 내지는 방법론을 이용하고, 영업담당자는 사실에 기반한 자료를 활용하여 함께 전략을 수립해야 한다. 아무리 뛰어난 전략가라 할지라도 현장을 영업보다 깊이 있게 이해하기는 결코 쉽지 않기 때문이다.

이외에 가장 좋은 방법은 영업이 전략을 깊이 있게 이해하고, 영업 스스로가 전략가가 되는 것이다. 또는 전략가가 평소 영업현장에 깊숙이 관여하고, 이를 통해 때로는 현실적이고, 때로는 이상적이지만 실현해야 하는 전략을 수립하는 방법이 있다. 두 가지 모두 많은 시간과 경험을 필요로 한다. 이 두 가지 방식을 채택하기 이전에 서로의 능력을 결합하고 서로를 배우게 된다면, 전략가든 영업이든 계획의 수립과 실행에서 오는 괴리감을 극복하는 방향으로 영업전략을 수립할 수 있을 것이다. 그러기 위해서는 현장의 상황과 전략적 방법론을 공유하고 상호 이해해야 한다.

영업전략은 현장과 일치해야 한다
Field

월마트의 창업자 샘 월튼은 이렇게 말했다. "There ain't many customers at headquarters(고객들은 본사에 있지 않다)."* 그리고 이 말은 단순히 좋은 글귀로만 끝나지 않는다. 이 말은 바로 현장과 전략을 일치시켜야 한다는 의미이다. 월마트의 전략 방향을 대변하는 말은 'Everyday low price'이다. 그리고 이를 실현시키기 위해 전 세계의 수많은 제품공급자를 만나 현장 속에서 그들을 설득하고, 이익을 공유했다. 샘 월튼은 또 말한다. "월마트가 낭비하는 1달러는 고객의 주머니에서 나온 것이다. 고객을 위해 1달러를 절약할 때마다 우리는 경쟁에서 한 걸음 앞으로 나아가게 된다."**

현장을 먼저 생각하고, 다시금 이를 전략적 언어에 담아 방향을 수립하고, 이를 또다시 현장에서 실천할 수 있도록 선순환시키는 것이 중요하다. 그런 후에야 전략이 현장에서 생동감 있게 살아 움직이고, 영업이 전략을 완벽하게 흡수하여 탁월한 실행을 통해 성과를 낼 수 있다.

---

* Frank Cespedes (2014). Putting sales at the center of strategy. *Harvard Business Review*.

** http://navercast.naver.com/contents.nhn?rid=75&contents_id=223

그런데, 우리의 영업전략은 현장의 목소리를 제대로 담아내지 못하고 있다. 이유는 명백하다.

첫째, 전략가는 현장에 나갈 준비가 되어 있지 않다. 그들은 책상 앞에 앉아 검색엔진을 통해 자료를 검색하고, 컨설팅사에서 제공하는 가공된 보고서를 인용하여 멋진 문서를 만들어 낸다. 거기에 그럴 듯한 데이터를 첨부하면 더욱 좋을 것이다. 그리고는 이렇게 말한다. 공신력 있는 기관의 자료를 사용했고, 수립한 전략을 뒷받침하는 충분한 근거를 사용했다고 말이다. 현란한 그래프와 시장성장 예측치가 가득 담긴 보고를 받은 리더들이 고개를 끄덕이면 현장의 한계를 이야기해야 하는 영업은 어느새 뒤로 숨어버린다. 말을 꺼내면 그저 어려움을 극복해내지 못하는, 동기(motivation)가 결여되어 도전하지 않는 죄인(sinner)이 되기 때문이다.

둘째, 업무의 역할을 고정해 놓았기 때문이다. 너무나도 오랜 시간 동안 그것도 당연하게 생각해 온 것이 있다. 영업은 현장에서 몸을 움직여야 하고, 전략가는 사무실에서 천리안을 통해 천재성을 인정받아야 한다는 것이다. 아무도, 그 어느 누구도 왜 그래야 하는지에 대해 의문을 제기하지 않았다. 영업이 전략에 대해 학습을 해야 하고, 전략이 현장에 나와 고객들과 대화를 나누어야 한다고 말하지 않았다. 너무나도 오랫동안 말이다.

셋째, 서로가 피곤해지는 이야기는 공유하지 않는다. 어차피 전략은 영업현장을 모르고, 영업은 전략가의 용어에 머리 아파하니 그들은 서로 듣고 싶어 하는 말만 이야기한다. 그리고 뒤에 가서 한숨을 쉰다. '어차피 말하면 뭐하나. 말한다고 회사에서 들어줄 것도 아닌데.', '전략 문서에 무슨 시시콜콜한 이야기를 쓰나. 장기적인 관점에

서 방향만 잡으면 되지.'

이러한 불편한 진실은 정도의 차이가 있을 뿐 어느 조직에나 존재하기 마련이다. 하지만 분명한 것은 불편한 진실의 농도가 짙어질수록 현장의 목소리는 영업전략에서 점점 사라지게 된다. 뿐만 아니라 이를 극복하지 못하는 조직이야말로 생존까지 위협받게 된다. 지록위마(指鹿爲馬; 사슴을 보고 말이라 한다)가 2014년 올해를 상징하는 사자성어로 선정되었다. 결국 현실은 왜곡되고, 달콤하고 좋은 것에 눈이 멀게 된다. 사슴을 사슴이라 말할 수 있고, 말을 말이라 할 수 있어야 하지 않을까? 그래야 현장의 상황이 그대로 투영되고, 올바른 방향의 영업전략이 수립될 수 있을 것이다. 그러한 영업전략이 있어야 현장에서 짜릿하게 실행되고, 통쾌하게 성과를 낼 수 있다. 불편한 진실을 말할 수 있는 조직의 분위기 아래서 전략가와 영업이 협업해야 미래의 영업전략을 수립할 수 있을 것이다.

전략적 방향은 명확한 목표가 있어야 한다
Target

영업전략을 수립할 때 절대로 잊어서는 안 되는 것이 있다. 바로 해당 영업전략의 목표(target)이다. 어쩌면 너무도 당연한 말이다. 그만큼 중요성이 항상 강조되어 왔고, 설사 전략에 깊이 있는 지식이 없다손 치더라도 영업전략 수립에 있어 목표의 중요성은 모두 알고 있다. 그럼에도 불구하고, 누구나 다 알고 있는 목표를 영업전략에 반영하는 것이 생각만큼 잘 이루어지지 않고 있다. 우선은 영업전략을 수립할 때 목표에 대한 개념적 정의에서부터 이슈가 존재한다. 기존의 많은 영업전략은 매출목표액으로부터 출발했다고 해도 과언이 아니다. 영업에서 가장 중요한 것이 수주이고, 매출임에는 틀림이 없다. 하지만 영업전략의 목표가 매출액이라는 등식은 성립하지 않는다. 수주성과나 매출목표는 영업전략을 통해 결과적으로 만들어지는 것이어야 한다. 즉, 매출이 먼저가 아니고, 수립된 전략적 영업목표가 먼저라는 것이다. 그렇다면 영업전략을 수립할 때 목표는 어떤 속성을 지녀야 할까?

신시아 몽고메리 교수는 그의 저서 《당신은 전략가입니까》*라는 책에서 훌륭한 목적의 다섯 가지 조건을 이야기했다. 첫째, 훌륭한 목

---

* 신시아 A. 몽고메리 지음, 이현주 옮김(2012). 당신은 전략가입니까(*The Strategist: Be the Leader Your Business Needs*). 리더스북.

적은 가치를 높인다. 둘째, 훌륭한 목적은 명확한 입장을 밝힌다. 셋째, 훌륭한 목적은 돋보이게 만든다. 넷째, 훌륭한 목적은 가치 창출의 발판이 된다. 다섯째, 훌륭한 목적은 모두를 위한 가치를 창출한다.

제이 바니와 윌리엄 헤스터리(2010)*는 기업의 목표는 측정 가능해야 하며, 역으로 추적이 가능해야 하고, 기업의 비전이나 목표와 연결이 되어야 한다고 말하고 있다.

위에서 소개한 목적이나 목표에 대한 속성은 기업 수준에서 수립된 것이다. 그런데 이러한 속성이 영업전략에도 유효하게 적용된다. 예를 들어 보자. 3M의 영업전략 목표 중 하나는 '매년 영업성과의 최소 30%는 최근 4년 이내에 개발된 제품으로 달성한다.'이다. 측정 가능하고, 간결하다. 고객에게 지속적으로 혁신적인 제품을 제공하겠다는 가치도 담겨 있다.

3M은 사포(sandpaper)의 제작에서 출발한 제조업 기반의 회사다. 그러한 3M이 기업의 전략적 목표를 세계 최고 수준의 혁신적인 과학기술 제품을 공급하는 방향으로 전환하였다. 접착기술을 핵심 역량으로 하여 최고의 혁신제품을 생산하기에 이르렀다. 이러한 기업의 비전이나 미션이 영업 및 마케팅 전략에도 고스란히 녹아 있는 것이다. 끊임없이 혁신하겠다는 기업의 전략목표가 영업 수준의 전략목표에도 반영된 것이다.

우리의 영업목표가 어떤 것이냐에 따라 우리의 행동방식과 태도는 엄청난 차이를 가져온다. 만약 구두를 닦는 직업을 가진 사람이 자신의 목표를 구두를 닦아서 안정된 자신만의 가게를 차리는 데 둔다

---

* Jay B. Barney & William S. Hesterly (2010). *Strategic Management and Competitive Advantage*, 3rd. ed., Pearson Press.

면, 빠른 시일 내에 돈을 벌 수 있는 방식으로 일을 할 것이다. 하지만, '나는 나의 고객이 내가 닦은 구두를 신고 비즈니스에 성공하는 것이 다.'에 목표를 둔 사람이 있다면 어떨까? 그 정성과 그 태도가 고스란 히 꼼꼼함으로 이어지고, 이를 고객이 느끼게 될 것이다. 어쩌면 성과 에 대한 결과는 반대로 나타날 수도 있다. 자신의 가게를 차리겠다고 목표를 세운 경우보다, 고객의 성공을 목표로 세운 경우가 더 좋은 경 제적 성과를 안겨줄 수 있을 것이다.

이케아의 목적은 달랐다. "최종적으로 우리는 대부분의 사람들 편에 서기로 결정했다. 대다수의 사람들은 대개 금전적으로 여유가 없다. 우리가 만족시키려는 사람들은 바로 그 대다수의 사람들이다. 첫 번째 규칙은 아주 낮은 수준으로 가격을 유지하는 것이지만 그 낮 은 가격에는 의미가 함께 따라야 한다. 우리는 기능성이나 기술적인 품질을 양보해서는 안 된다." 여기에는 어려운 미사여구도 없으며, 명 확하다.

나이키의 목적은 "세계의 모든 운동선수들에게 영감과 혁신을 가 져다준다."이다(신시아 몽고메리, 2012)*.

이처럼 우리는 우리의 전략적 목적이나 목표를 어떻게 설정하느 냐에 따라 어떤 형태의 제품을 생산할지를, 어떻게 판매할지를, 또 어 떻게 마케팅할지를 경쟁기업과 다르게 설정하고 행동할 수 있게 된다. 만약 나이키가 그들의 목적을 스포츠 제품의 제조기업으로 정했다면 오늘날 나이키의 혁신 제품들은 탄생하지 않았을지도 모른다.

---

* 신시아 A. 몽고메리 지음, 이현주 옮김(2012). 당신은 전략가입니까(*The Strategist: Be the Leader Your Business Needs*). 리더스북.

지금까지 다룬 SHIFT 프레임워크가 어떻게 현장에서 적용될 수 있는지를 다음의 사례를 통해 살펴보자.

K사 프로젝트 사례[*]

K사는 디지털 케이블 방송을 서비스하는 기업이다. 기존 아날로 그 방송을 디지털로 전환해야 하는 프로젝트를 위해 L사를 포함한 SI(System Integration; 시스템 통합)업체 네 곳에 RFP(Request For Proposal; 제안요청서)를 발송하였다. L사는 K사의 프로젝트를 수주하기 위해 다른 경쟁업체와 마찬가지로 활발한 영업활동을 전개하였다. 정부정책으로 시행되는 디지털 방송 전환의 일환으로 전국의 모든 지역 방송국들은 동일한 프로젝트를 진행하는 과정에 있었다. K사의 프로젝트 수주는 향후 진행되는 전국 단위의 프로젝트 수주에서 선점 효과를 가질 수 있는 중요한 의미가 있었다.

L사는 해당 프로젝트의 수주를 위해 수차례에 걸쳐서 영업 전략회의를 진행하였다. 그 과정에서 IT 전략을 담당하는 인력을 PMO(Project Management Office)[**] 조직의 지원을 받아 제안팀이 구성되기 전에 영업조직과 공동으로 전략을 수립했다.

---

[*] 당시 L사는 K사의 프로젝트를 수주하기 위해 SHIFT 프레임워크를 사용하지는 않았다. 다만, 당시의 상황을 SHIFT 프레임워크로 재구성하여 영업전략을 체계적으로 수립하는 방법을 설명하고자 사례로 개발하였다.

[**] PMO 조직은 프로젝트의 품질, 일정, 납기 등의 중요한 사항에 관한 지원 및 관리를 목적으로 조직된 IT/SI업체의 프로젝트 지원 조직으로, 경험과 전문성이 높은 우수 인력으로 구성된다.

Share

L사의 B2B 영업은 기술과 영업, 컨설팅 역량을 고루 갖춘 BA(Business Analyst)직군이 순수 영업직군과 함께 현장의 영업 이슈와 기술적 방향을 완벽하게 공유하는 미팅을 주 단위로 진행하였다. 영업현장과 전략가가 가질 수 있는 괴리를 좁히기 위해 L사는 IT 전략을 주로 담당하는 전략가를 배치했으며, BA직군을 통해 영업, 기술, 전략에 대한 이해의 정도를 일치시키는 역할을 수행했다. 그 결과 영업-BA-전략이 전문성에 기초한 현장 중심의 전략 방향을 도출할 수 있었다.

Harmony

L사는 당시 Beyond Promise! 고객이 기대하는 그 이상의 가치를 제공하기 위한 조직차원의 BI(Business Identity)를 새롭게 도입하였다. 고객이 필요로 하는 것을 만족시키는 노력과 더불어 이제는 고객이 기대하고 갈망하는 그 이상을 달성하기 위한 신념이 담긴 것이었다. L사는 고객에게 제공되는 기술적 지원, 문서, 혹은 영업현장에서도 끊임없이 고객이 기대하는 수준을 정하고, 그를 초과 달성할 수 있는 것을 제안해야만 했다. 그러기 위해서 회의를 마치기 전에는 반드시 고객이 기대하는 그 이상의 가치를 제안하지 않으면 안 되도록 하였다. 어느새 고객들도 우스갯소리로 'L사는 우리가 기대하는 것 그 이상을 해준다면서요?'라고 말할 정도로 L사의 의지가 고객에게 전달되기 시작하면서부터 고객과의 조화를 위한 노력이 결실을 맺기 시작하였다.

Interface

본 프로젝트에서 가장 중요하게 다루어진 것은 바로 고객-영업-BA-전략-제안실행팀 간의 인터페이스였다. 고객, 영업, BA, 전략은 제안 작업이 시작되기 이전부터 구성되어 전체적인 제안의 전략 방향을 찾아가기 시작했다. 이후, 고객의 목소리를 제안실행팀이 제안서에 최적으로 담아낼 수 있도록 제안 초기에는 매일 모든 멤버들이 공유회의를 가졌다.

또한 인터페이스 중에서도 가장 중요하게 고려했던 부분은 바로 협력사와의 협업 인터페이스였다. 협력사는 기술을 제공하는 역량은 상대적으로 탁월하나, 제안서 작성이나 전략 방향에 대해서는 역량이 부족하였다. 이를 L사와 동일한 수준으로 끌어올리기 위해 제안팀은 협력사라는 인식을 버리고, 한 팀으로 움직이며 제안서의 수준을 높일 수 있도록 하였다.

Field

현장에서 발생하는 고객사의 실질적인 문제점과 이슈를 도출하기 위해서 영업은 고객사와 의도를 충분히 공유하고, 현장 방문을 통한 인터뷰 및 분석작업을 공동으로 진행하였다. 초기에는 경쟁사와의 공정성을 이유로 현장 인터뷰를 거절했다. 하지만 고객사를 끈질기게 설득해서 제안작업과는 별도로 소규모의 컨설팅을 무료로 진행해주는 방식으로 현장 인터뷰를 진행할 수 있었다. 현장의 목소리를 충분히 흡수하기 위한 각고의 노력과 설득작업을 통해 가능한 일이었다. 뿐만 아니라 분석 결과는 제안서를 작성하는 과정에서도 경쟁사와 차별화된 내용을 갖게 하는 중요한 핵심 요인으로 활용할 수 있었다.

Target

L사는 영업, BA, 전략담당자가 현장에서 고객이 원하는 기능적 수준의 방향뿐만 아니라 사업 방향까지를 파악하고 명확한 목표를 수립하였다. 그것은 본 프로젝트를 통해 '고객사의 비즈니스 기반을 고도화'하는 것이었다. 단순히 기술적 요구사항을 만족하는 시스템을 제공하는 것이 아니라, 본 프로젝트를 통해서 고객이 자신들의 사업에 필요한 상품을 실시간으로 설계하고 반영할 수 있도록 하는 것이 목적이었다. 이를 위해, L사는 본격적인 프로젝트를 수행하기에 앞서 한 달 정도 기존 비즈니스 프로세스(Business Process)를 점검하고 수정한 이후에 최종적인 설계작업을 진행하는 것을 제안하였다. 이는 IT가 필요한 기능을 오류 없이 수행하는 것을 넘어서, 고객에게 최적의 업무 프로세스를 제공하고, 달성할 수 있도록 하는 효과를 갖게 하였다.

지금까지 살펴본 영업전략 수립의 SHIFT 프레임워크는 영업과 전략이 실무현장에서 활용할 수 있는 기준을 제시하였다. 거시적이고 높은 개념적인 전략을 수립하는 경우이든, 미시적이고 구체적인 전략을 수립하는 경우이든, 모든 것을 공유(Share)하고, 고객과 조화(Harmony)를 이루며, 영업과 전략이 인터페이스(Interface)를 유지해야 한다. 또한 현장(Field) 중심의 영업전략을 수립하고, 명확하고 의미 있는 목표(Target)가 존재해야 한다.

간혹 영업담당자들이 현장에서 사기꾼 취급을 받을 때가 있다. 말이 앞서기 때문이 아니라, 자신이 한 말에 대해 최선을 다해서 책임지지 않기 때문이다. 전략과 실행이라는 고차원적인 말을 사용하지 않더라도 우리는 영업을 하는 사람들이기 때문에 말과 행동을 일치시켜야 한다. 계획을 세웠으면 실행해야 한다. 혹은 계획을 수립할 때 실행을 염두에 둬야 한다. 욕심이 앞선 나머지 고객에게 지키지 못할 약속을 하고 있지는 않은지, 너무 무리한 계획으로 인해 오히려 고객에게 신뢰를 잃고 있지는 않은지 스스로 깊이 있게 생각해 보아야 한다.

현장에서 실행이 가능한 뚜렷한 계획을 수립하라. 그리고 조력자들과 협업하라. 아무리 뛰어난 영업담당자라 할지라도 주변의 도움 없이는 높은 성과를 내기 어렵다. 협업이야말로 상대에게 진심 어린 도움을 받을 수 있는 지름길이다. 그 협업의 대상은 고객을 포함하여 넓을수록 좋다. 협업의 폭이 넓을수록 더욱 큰 일을 해낼 수 있기 때문이다.

그리고 다시 한 번 샘 월튼의 말을 기억하라. 고객은 현장에 있다. 현장에서 실행될 수 없는 전략은 없는 것과 마찬가지다. 그것은 마치 이제 사칙연산을 배운 초등학생이 미적분을 풀 수 있다고 주장하는 것과 다를 바가 없다.

잠시 하던 일을 멈추고 점검해보라. 나는 지금 현장에 있는지, 명확한 목표를 정했는지, 협업하고 있는지를 말이다.

SALES INSIGHT

영업활동에 대한 자신만의 기준이 필요하다

영업은 마치 마라톤을 연상케 한다. 출발점에서 목적지까지 길고 지루한 레이스가 기다리고 있다. 그 마라톤을 TV 중계로 보고 있으면 해설자들이 존경스럽기까지 하다. 상황이 긴박하지 않으니 많은 준비를 해서 중계를 해야 한다. 선수 개개인의 이전 기록에 대한 소개, 코스에 대한 설명, 이번 경기의 특이사항을 중간중간 소개해야 한다. 참가 선수들이 워낙 많고, 실력의 편차가 아주 크기 때문에 한 화면에 모든 선수를 식별할 수 있게 잡아내는 것은 불가능하다. 언제 순위가 바뀔지도 의문이다. 장거리이기 때문에 경기 초반에 약간만 빠르게 뛰면 앞 선수 하나쯤 따라잡는 것은 일도 아니다. 그렇다고 현재의 스코어가 결승점까지 이어지는 것은 더더욱 아니다.

B2B 영업은 B2C 영업에 비해 상대적으로 고객 접근 단계에서부터 수주(혹은 판매) 단계까지의 기간이 오래 걸린다. 마치 마라톤처럼 말이다. 고객에게 접근하는 순간 모든 것이 일사천리로 진행될 것 같은 상황들이 고객사의 의사결정 지연, 경쟁사의 영업에 따른 변화 등의 이슈가 발생한다. 해외 영업의 경우는 더욱 심하다. RFP(Request For Proposal; 제안요청서)를 전달 받은 순간부터 분주하게 제안팀을 구성하고, 해외에 나가 제안 발표회까지 마친 이후에도 최종 우선협상대상자 선정까지는 길고 지루한 시간을

인내하고 기다리게 된다. 문화적인 차이도 존재하거니와 때로는 정보 수집 차원에서 RFI(Request For Information)나 RFP를 오픈(open)하는 경우도 무수히 많다. 그렇다고 고객사의 요청에 응대하지 않을 수도 없다. 그러다가 실제로 프로젝트가 진행되는 경우도 있기 때문이다. 때에 따라서는 족히 2~3년이 걸리기도 한다.

장기 레이스를 펼쳐야 하기 때문에 영업은 매 순간 해당 영업 건에 대해 자신만의 기준을 가지고 활동해야 한다. 영업에서의 기준은 활동에 대한 마디의 역할을 한다. 마치 대나무의 마디처럼 말이다. 대나무에 마디가 없다고 상상해 보자. 그렇게 높은 곳까지 곧게 뻗어나갈 수 있겠는가. 긴 시간 동안 영업활동을 지치지 않고 할 수 있는 것은 자신만의 마디 역할을 하는 기준이 있기 때문이다. 그런데 많은 영업현장에서 그 기준이 없거나 기준을 벗어나는 일들이 종종 발생한다.

부풀리지 마라
영업윤리기준이 필요하다

평소 영업의 성과에 대한 불안감 때문에 공유회의를 하거나 윗선에 보고할 때 미진한 성과에 대해 감추거나 성과를 부풀려 공유하는 경우가 있다. 장기적으로 볼 때 영업담당자 개인뿐만 아니라 조직 전체에 타격이 있을 수 있다.

영업의 성과는 최종적으로 매출액만을 의미하지 않는다. 신규고객을 발굴하는 현황, 현재 진행 중인 영업에 대한 진도 관리, 고객사의 반응이나 만족도와 같은 중간 결과 지표 또한 영업성과로 인식해야 한다.

영업담당자가 영업성과를 부풀려 보고하는 데는 영업담당자 스스로의 문제도 존재하지만, 관리자의 책임도 매우 크다. 영업관리자는 팀원들이 보고하는 내용을 토대로 코칭을 통해 팀원 스스로가 보고에 대한 부담을 갖지 않도록 해야 한다. 그럼에도 불구하고 많은 영업관리자들은 위에서 받는 자신들의 영업매출 지표에 대한 스트레스를 그대로 팀원들에게 표출하고 만다. 이런 현상을 확장해 보면 결국은 조직의 영업관리에 대한 시스템으로 귀결될 수도 있다. 특히 B2B 영업에서는 판매에 대한 압박이 곧바로 실적으로 이어지지 않는다. 오히려 접근에서부터 수준까지의 단계별 전략을 수립하고, 공유회의에서 전략을 어떻게 수정해야 할지를 논의하는 것이 바람직하다. 그러기 위해서는 영업회의 방식을 바꿔야 한다. 기존의 영업회의는 영업담당자들이 각자가 맡은 고객사나 프로젝트의 현황을 설명하고, 이에 대해 팀장이 조언을 하는 방식으로 진행되어 왔다. 이런 영업회의 방식은 보고 자체를 부풀리거나 긍정적인 사실로 포장할 위험성이 다분히 존재한다. 다른 동료 팀원들 앞에서 무능력자로 전락하는 상황을 회피하기 위한 것이다. 이런 잘못된 관행이 굳어지면 영업회의는 그냥 좋은 게 좋다는 식의 눈치 보는 회의로 끝나고 만다. 수주 확정일이 다가오면서 그간 엉터리로 공유했던 사실은 허위로 판명 나고 어떠한 성과도 달성하지 못하게 된다.

이제 영업회의는 영업전략을 공유하고 토론하는 자리와 더불어 팀장과 팀원이 일대일로 상황을 편하게 공유하고 고민할 수 있는 방향으로 이중체계를 갖추어야 한다. 회의를 위한 회의가 아닌, 실제로 성과를 높일 수 있고 성공할 수 있는 방안에 대해 논의할 수 있어야 한다. 어찌 보면 너무나도 당연한 말이라고 생각할 수 있는 이 사실이 영업회의에서는 정말이지 잘 실행되지 않는다. 이 역할의 핵심에는 영업팀장이 있어야 한다. 얼마간의 노력을 기울이고 얼마 동안 개선하게 되면 그 이후부터는 자연스럽게 영업전략 공유 미팅을 할 수 있고, 팀장과 팀원 간의 관계 또한 상호 의존할 수 있는 방향으로 개선할 수 있다.

성과에 대해 보고하고 공유하는 과정에서 무엇보다 중요한 것은 정말로 성과를 낼 수 있는 대안을 도출하는 것에 초점이 맞추어져야 한다는 것이다. 혼나고 깨지는 것을 두려워하고 눈치를 보는 분위기가 되어서는 안 된다.

영업을 이끄는 팀장의 역할과 시스템의 문제도 중요하거니와, 영업담당자들 개개인의 윤리적 기준도 명확해야 한다. 영업은 약간의 사기꾼(?) 기질이 있어야 한다고들 말한다. 그런데 그 사기꾼 기질이라는 것이 보편타당한 윤리적 기준을 넘어설 때가 있다. 때로는 영업담당자 자신이 그런 행동을 하는 것을 아예 인지하지 못하거나 어느새 습관이 들어 거짓말을 밥 먹듯이 하는 경우도 있다. 그리고는 스스로를 합리화한다. 영업이니까 괜찮아! 라고 말이다. 영업이기 때문에 절대 그래서는 안 된다. 한두 번 그런 방식으로 넘길 수는 있다. 알다시피 결코 오래가지 못한다. 누구라도 완벽한 윤리적 기준을 그대로 실행에 옮기기는 어렵다. 중요한 것은 자신만의 영업윤리기준이 있어야 하고, 그 기준을 어겼을 때 마음이 불편해야 한다. 그리고 반성하고 제자리로 돌아와야 한다.

L영업담당자는 나와 함께 일한 1년 동안 불행히도 기준을 설정하지도, 잘 실행하지도 않았다. 어느 날 갑자기 고객사에서 대형 프로젝트가 발주될 예정이라는 말을 했다. 고객을 만나고 온 후에는 식사비용을 청구했다. 하지만 시간이 흘러도 진척 상황에 대한 구체적인 보고가 이루어지지 않았다. 매번 고객사에서 의사결정이 지연된다는 이야기만 되풀이할 뿐이었다. 아무래도 이상하여 고객사에 연락을 해보았더니 그런 프로젝트는 없을 뿐더러, 만나러 온 적도 없다는 것이었다. 고객을 만나러 나간 동안 개인 용무를 봤고, 지인들을 만나 식사를 하면서 회사 비용을 사용했던 것이었다. 문제는 이뿐만이 아니었다. 협력사들과 만나서 신규 프로젝트가 진행 중이니 준비하라는 말과 함께 접대를 받는 일이 많았다. L영업담당자는 결국 징계위원회에 회부됐고, 회사에서 퇴출되었다. 물론 해당 업계의 다른 곳에도 취

업을 할 수 없었다.

이런 일은 절대 일어나서는 안 되지만 오랜 시간 영업을 하다 보면 한순간의 유혹을 뿌리치지 못하고 윤리적 기준을 벗어나게 되는 경우를 종종 목격한다. 따라서 개인과 조직이 함께 노력해야 한다. 개인의 성과 조작과 상황에 대한 과장된 보고를 하지 않아도 될 수 있도록 조직이 우선 배려해야 한다. 그런 다음 반복적인 교육과 함께 윤리강령을 구축하고 실행해야 한다.

문제점을 감추지 마라

우리나라 속담에 "호미로 막을 것을 가래로 막는다."는 말이 있다. 아주 작은 노력이나 비용을 들여 해결할 수 있는 문제를 엄청난 시간과 비용을 들여 해결해야 하는 지경까지 이르게 한다는 말이다. 문제가 발생했을 때 초기에 공유하고 해결 방안을 모색하면 간단하게 처리할 수 있는 문제를 복잡하고 해결하기 어렵게 만들어 버리는 경우라 하겠다.

영업에서도 이러한 경우가 너무나도 많다. K영업담당자는 고객사에 전달할 견적서를 작성하는 과정에서 실수가 있음을 발견했다. 금액으로 환산하면 2,000만 원 정도의 제품을 견적에서 누락시킨 것이었다. 고객사에 견적서를 제출하고 얼마 후에 실수가 있음을 발견했고, 이때 해당 사항을 공유하고 다시 견적서를 제출했더라면 문제가 되지 않았을 터였다. 하지만 그는 꾸지람 듣는 것이 두려운 나머지 방치해 두고 말았다. 전체 견적에 비하면 그다지 큰 비용이 아니었기 때문에 협력사를 통해 해당 제품에 대한 견적을 받고, 다시 우리 견적에 포함하여 고객사에 실수가 있었음을 시인하고 전달하면 그뿐이었다. 문제는 프로젝트를 진행하는 시점에서 담당 PM이 이를 발견한 것이었다. 고객사나 협력사나 모두 견적 누락에 대한 사안은 프로젝트 실행사에 책임이 있음을 분명히 했다. 할 말이 없었다. 맞는 말이었다.

자사 비용도 비용이거니와 프로젝트를 진행하는 과정에서도 차질이 생겼다. 해당 부품이 제때 공급되지 않아 2주 정도의 기간이 지연되었다. 전체 비용으로 따지면 막대한 것이었다. 제품 자체의 비용도 올라서 견적 당시의 금액보다 15% 정도 높은 비용을 지불해야 했다. 영업담당자의 실수 하나가 고객사의 신뢰 감소, 일정 지연, 그리고 추가 견적금액 발생 등의 커다란 문제를 만들어낸 것이다. 그야말로 호미로 막을 것을 가래로 막은 격이었다.

반면에, 문제점은 때로는 고객과의 신뢰를 넘어 충성도를 높이는 경우로 발전시켜 나갈 수도 있다. S영업담당자는 고객사로부터 건축 구조물에 대한 설계 변경에 대한 요청을 받았다. 처음에는 그 사원도 크게 문제될 것이 없다고 판단했다. 그는 고객사의 요청사항에 대해 영업팀과 기술팀이 모이는 자리에서 이 사실을 공유했다. 기술팀에서는 설계 변경 요청이 겉으로 보이기에는 문제가 없어 보여도 소방관련 기준에도 문제가 되고, 기술적으로도 검증되지 않았다는 조언을 했다. 이후 S영업담당자는 고객사의 설계변경 요청에 대한 의견을 전달하였다. 처음에는 추가 비용이 들어가는 문제 때문에 꺼려하는 것 아니냐는 고객사의 오해도 있었다. 관련 자료를 수집하고, 이를 통해 객관적인 설득작업을 진행해 나갔다. 결국에는 고객사의 오해도 풀리고, 자칫 큰 문제가 될 수 있는 사항을 현명하게 해결하였다.

영업담당자의 작은 판단은 이처럼 문제를 커지게 만들 수도 있고, 문제를 통해 새로운 기회를 만들 수도 있다. 확신이 서지 않는 문제이거나, 자신이 혼날 것이 두려운 사안이더라도 초기에 문제를 공유하고, 그 해결 방향을 찾는 것이 중요한 이유가 여기에 있다.

INSIGHT 03-03

고객과 싸우지 마라
하지만 고객 앞에 당당하라

영업활동을 하다 보면 참 해도 해도 너무한 고객이 있다. 윤리적으로 무리한 요구를 하는 고객, 업무 하나하나에 꼬투리를 잡는 고객, 무조건 자기 주장을 굽히지 않는 고객, 늘 불만에 가득 차 있는 고객 등, 아무리 고객이라지만 속에서 부글부글 끓을 때가 참 많다. 그렇다고 막무가내인 고객을 그냥 방치해 둘 수도 없는 노릇이다. 일을 해야 하고, 의사결정을 내려야 하기 때문이다. 하지만 더 곤란한 것은 고객과 의견 충돌이 있을 때 함께 싸우는 것이다. 고객과 언성을 높이고 싸우는 것은 어떤 경우에서든 영업 입장에서는 도움이 되지 않는다. 이유야 어찌 되었건 간에 먼저 사과를 해야 하는 쪽은 영업일 수밖에 없는 것이 현실이다. 그리고 상처받은 고객의 마음을 다시 돌리기 위해서는 평소보다 더 많은 시간과 노력을 써야 한다. 한마디로 고객에게 화를 내서 내게 득 될 것은 아무것도 없다.

또한 고객이 화를 내고 다소 비합리적인 이유로 목소리를 높일 경우에도 참아야 한다. 참게 되면 상황은 완전히 달라진다. 고객도 사람이다. 그렇기 때문에 실수를 할 수 있다. 그 실수를 바로 인정하지 못하고 화를 내기도 한다. 영업은 오히려 이러한 상황을 기회로 만들어야 한다. 고객을 대상으로 약점을 잡으라는 것이 아니라, 고객과 한발 더 가까워질 수 있는 기회로 만들어야 한다는 것이다. 일상 생활에서도 화를 내는 사람은 결코 유리하지 않은 경우가 많다. 한순간 격해졌던 감정이 시간이 지나가면 미안한 마음으로 바뀌는 순간이 온다. 하지만 자신이 화를 낸 것에 대한 미안함을 표시하는 것은 쉽지 않다. 고객의 경우는 갑의 입장이기 때문에 더욱 그러하다. 고객이 직접적으로 사과를 하지 않는다 하더라도 관계없다. 오히려 영업이 먼저 손을 내밀고 오해를 풀게 되면 고객의 마음은 눈 녹듯이 풀리게 된다.

고객에게 무조건 어떤 경우라도 굽실거리라는 것이 아니다. 오히려 높은 성과를 달성하는 영업담당자들의 특징은 고객 앞에서 당당하다. 그들은(고성과자) 고객에게 항상 예의 바르고, 고객을 존중한다. 그렇다고 고객에게 '예스맨(yes-men)'으로 남지 않는다. 충분한 전문지식과 간결한 말투로 고객에게 조언을 아끼지 않는다. 고객이 격한 감정에 사로잡혀 있을 때 잠시 물러서서 호흡을 가다듬는다. 그리고 우선 인간적인 부분을 이해하려고 한다. 고객이 가진 고충, 고객이 가진 불만, 그리고 고객이 가진 스트레스를 깊이 있게 공감하고 다독인다. 그런 연후에 업무적인 부분에서 발생했던 오해나 실수에 대해 수정하고 해결한다.

불행하게도 저성과 영업담당자는 자격지심에 사로잡혀 고객과 싸운다. 그렇게 되면 걷잡을 수 없는 상황으로 치닫게 되고, 감정이 누그러진 후에는 땅을 치고 후회를 한다. 고객에게 진심으로 사과를 하지만 고객의 마음은 이미 닫혀 버린 후이다. 겉으로 고객이 사과를 받아줬다고 해도 진심일 리 없다.

고객이 항상 옳을 수는 없다. 업무를 진행하다 보면 오해와 실수, 문제는 항상 발생한다. 그 오해와 실수, 문제를 참을 수 없어 고객은 영업담당자에게 화를 낸다. 때로는 영업담당자도 화가 난다. 그 화가 나는 순간을 절제하고 통제하여 고객과 한 발 더 가까워지는 기회로 만들기 바란다. 영업을 하다 보면 정말 별의별 고객을 다 만나게 된다. 억울하고 화가 치밀어 오르는 순간들도 너무나 많다. 서럽게 생각하는 순간 비참해지고 만다. 하지만 그 비참함은 자신감의 결여에서 오는 경우가 많다. 자신감을 갖고, 충분히 넓은 마음으로 고객을 대하기 위해서는 고객이 하고 있는 일에 대해, 고민에 대해, 고객보다 더 많은 시간을 생각하고 준비해야 한다. 그런 연후라야 고객 앞에서 당당할 수 있으며, 고객 앞에서 절제할 수 있다. 이유를 불문하고 절대 잊어서는 안 되는 것이 있다. 고객과 절대 싸우지 마라. 고객과 싸우는 순간, 어떤 경우라도 당신은 일단 패배했다고 보면 된다.

말수를 줄여라

일반적으로 영업 하면 떠오르는 이미지가 있다. 바로 말을 잘한다는 것이다. 여기에는 꼭 긍정적인 의미만 있는 것은 아니다. 말만 많이 하고 행동에 대한 신뢰가 없다는 부정적인 느낌도 있다. 우리말 속담에 "빈 수레가 요란하다."라는 말이 있다. 영업담당자들은 한번쯤 이 속담을 곰곰이 생각해 보아야 한다. 말은 상대방에게 빠른 시간 내에 강한 인상을 남길 수 있는 강력한 무기이다. 동시에 말은 부정적인 인상을 남기기에도 충분히 강력하다.

  그럼에도 불구하고 많은 영업담당자는 자신이 어떤 말하는 습성을 갖고 있는지조차 알지 못한다. 결론을 먼저 이야기하는 편인지, 이유나 정황을 먼저 이야기하고 결론에 도달하는 편인지를 모른다. 필요 이상으로 부연설명을 많이 하는지, 자신의 말만 계속하는지, 너무 함축하거나 본인 위주로 말을 하는지를 정확히 파악하지 못하고 있다. 말이라는 것은 참으로 어렵고도 오묘하다. 많은 말을 한다고 해서 그 속에 훌륭한 의미가 꼭 포함되었다고 보기 어렵다. 짧은 말이라고 해서 충분한 의미를 전달하지 못하는 것도 아니다. 그런데 분명한 것은 말과 행동을 함께 생각해 보면 말의 의미가 더욱 분명해진다. 말과 행동이 일치하는 영업담당자는 극히 드물다. 아니 그런 사람 자체가 드물다. 다만 우리가 기대하는 수준은 약속으로서의 말에 대한 행동의 책임에 있다. 말로써 약속한 사항은 꼭 실행에 옮기는 영업담당자를 바라는 것이다. 그런데 말은 정말 많이 하면서 행동은 거의 하지 않는 영업담당자가 있다. 심하게 표현하자면 거의 사기꾼에 가깝다. 즉, 최소한 영업활동을 함에 있어서 영업담당자의 한 마디 말은 반드시 실천적 행동을 전제로 해야 한다는 것이다.

말을 잘한다는 것은 결코 말을 많이 한다는 의미가 아니다. 매순간 말을 하면서 생각을 할 수는 없다. 그렇기 때문에 더더욱 말수를 줄이는 연습을 해야 한다. 열 마디 말할 것을 일곱 마디로 줄이면 논리가 명확해지고 말의 깊이가 생긴다. 습관이 들면 비로소 자신의 말에 통찰력을 갖게 할 수 있다. 말수를 줄이는 대신 상대의 말을 경청하고, 그 시간에 상황을 요약하고 정리할 수 있게 된다. 그런 다음에야 상대가 원하고, 내가 필요한 말을 할 수 있는 것이다.

말수를 줄여야 하는 이유는 또 있다. 말을 많이 하다 보면 자연스럽게 실수를 할 수 있기 때문이다. 자사의 영업전략이나 내부 상황에 대해서는 말을 아껴야 한다. 고객사뿐만 아니라 협력사 담당자들과 친분이 두텁다는 이유로 속내를 터놓는 경우가 많다. 자신도 인지하지 못하는 사이 중요한 정보를 유출하는 경우가 의외로 많다.

B영업담당자는 중요한 경쟁 입찰을 앞두고 협력사 직원과의 대화 도중 경쟁사를 비방하는 분위기에 휩쓸려 그만 실수를 하고 말았다. 경쟁사의 영업 형태를 꼬집으면서 경쟁사가 가격 경쟁력으로 밀어붙이고 있는데 이제는 우리도 더 이상 두고 볼 수만은 없다는 말을 한 것이다. 얼핏 별말이 아닌 듯하지만 이 말은 고스란히 경쟁사 영업담당자의 귀에 들어갔고, 경쟁사는 오히려 기존보다 더 낮은 가격을 제안했다. 또한 자사 대비 기술적인 부분까지 세밀히 준비하게 하는 결

과를 가져와 결국 경쟁사에 패배하고 말았다. 영업담당자의 말실수가 치명적인 손실을 가져오게 한 것이다.

영리해지긴 어렵지만
성실해지는 건 가능하다

영업활동을 하며 많은 사람들을 만나면서 느낀 것이 있다. 세상에는 참으로 머리 좋은 사람이 많구나! 하는 것이다. 평소에는 잘 느끼지 못하다가도 아무런 아이디어가 떠오르지 않는 상황에서 주변을 조화롭게 정리하는 사람들을 보면 놀랍기도 하고 몹시 부럽기도 하다. 지금도 마찬가지이기는 하다. 그러면서 함께 드는 생각이 나는 왜 저렇게 하지 못할까 하는 것이다. 냉정하고 신속하게 의사결정을 하고, 위기 상황을 돌파할 일단의 방향을 제시하는 능력이 없다는 자괴감에 기운이 빠진다. 영리하지 못한 것에 대한 원망이다. 영리해지려면 다시 태어나는 수밖에는 없다. 내가 할 수 있는 것이 아니란 것이다. 진짜 영리하지 못한 것은 내가 할 수 없는 것을 붙들고 한숨만 쉬는 것이다.

다행인 것은 노력하면 성과를 낼 수 있는 정도의 영리함은 있다는 것이다. 작은 위안이다. 그러면서 아주 영리하지 못한 것에 대한 대안을 찾아가기 시작했다. 바로 성실함이다. 성실함이야말로 머리가 좋고 나쁨을 떠나서 영업이 가질 수 있는 최고의 자질 중에 하나다. 영업에서의 성실함은 일반 직무와 비교해서 다소 차이가 있다. 그저 열심히 주어진 일만 해서는 안 된다는 것이다. 그 성실함을 고객이 느껴서 인정할 수 있을 만큼이어야 한다.

필자는 연구개발로 직장생활을 시작해서 영업, 마케팅, 컨설팅, PM과 같은 업무를 거쳐 왔다. 대부분이 지식 집약적인 전문성을 기반으로 하여 내가 열심히만 하면 어느 정도 인정받을 수 있는 직군이었다. 그런데 영업은 달랐다. 내가 아무리 열심히 뛰더라도 고객의 마음을 열지 못하면 성과로 이어지지 않는 것이 영업이다. 연구개발은 밤을 새워 일을 하면 문제에 대한 해결책과 결과가 나왔고, 마케팅은 창작의 고통과 더불어 아이디어를 생산하고 시장을 누비면 어느 정도의 예상된 상황을 만들 수 있었다. 프로젝트 매니저도 마찬가지였다. 열정을 다해 관리하고 몰입하면 예상보다 좋은 결과물을 만들어낼 수 있었다.

그런데 영업은 반드시 그렇지 않았다. 적정 수준이라는 것보다는 반드시 넘겨야 하는 기준과도 같은 성실함이 있었다. 물을 끓이는 것과 같다고나 해야 할까. 100℃가 넘어야 물이 끓듯이 영업에서의 성실함이란 것이 그러하다. 어느 해에는 단 한 건의 프로젝트도 수주하지 못했다. 성실하지 않아서가 아니라 고객이 느낄 만큼 성실하지 않아서다. 업계에서 소문이 날 정도로 성실하게 일정 시간을 뛰어야 한다. 그런 시간과 노력이 있어야 성과가 난다.

영업에서는 모든 프로젝트나 납품이 탁월한 아이디어 몇 개만으로 수주가 결정되지는 않는다. 특별한 몇 가지의 기술적 혹은 사업적 아이디어를 통해서 수주가 결정되는 경우는 많지 않다. 오히려 그 반대의 경우가 더 많다. 납품의 경우 수주 이후에도 장기간의 설치나 프로젝트를 통해서 완성이 되는 특성이 있다. 그렇기 때문에 고객의 입장에서는 그 긴 시간을 함께 작업할 수 있는 믿음이 중요하다. 고객과의 만남에서부터 제품의 납기 완료 단계에까지 필요한 것은 바로 그 성실함이다.

영리한 머리를 통해 나온 아이디어는 성실함을 통해 구체화되어 간다. 그 과정에서 내가 영리해질 수는 없지만 최소한 성실해질 수는 있다. 그리고 영리하지 못하다면 더욱 성실함이 무기가 되어야 할 것이다. 영리한 사람은 때로 더 영리한 사람의 아이디어로 대체될 수 있다. 하지만 성실함은 그저 누적될 뿐이다(영리함이 나쁘다는 뜻은 아니니 오해 없길 바란다).

지금까지 살펴본 다섯 가지의 영업활동 기준은 절대적이라고 말할 수는 없다. 더군다나 충분하다고도 말할 수 없다. 다만 영업현장에서 아주 중요함에도 불구하고, 기존의 영업 관련 서적이나 글 등에서 다루어지지 않은 내용을 중심으로 정리한 것이다. 어찌 보면 잔소리 같은 내용들이 영업활동을 하는 데 있어 밑거름이 될 것이다. 자신만의 영업활동 기준을 생각하고 정리하는 것은 내가 왜 영업을 해야 하는지에 대한 근본적인 사색에서 비롯된다. 그리고 이러한 영업활동 기준들은 틀림없이 힘들고 지친 영업현장에서 본인이 존재하는 이유를 설명해 줄 것이다. 유혹에 흔들리지 않고, 동기가 결여되었을 때에도 큰 도움이 될 것이다.

영화 〈킹스맨〉에 이런 대사가 나온다. "매너가 사람을 만든다(Manners maketh man)." 여기서 매너는 사람의 인품을 결정하는 중요한 기준으로 해석할 수 있다.

만일 당신이 영업활동을 하면서 어려운 상황에 봉착했다고 가정해 보자. 이때 가장 먼저 드는 생각은 쉬운 길일 테고, 그 쉬운 길에는 아마도 윤리적인 이슈가 있을 것이다. 더 정확히 말하자면 고객에게 접대를 하고, 금품을 제공할 수도 있을 것이다.

영업활동에 기준이 없다면 쉬운 길을 빠른 길이라고 착각할지도 모른다. 그리고는 자기 합리화를 시작할 것이다. '이런 게 영업이고, 남들도 다 그렇게 하는데 나만 하지 않으면 뒤처질 거야.' 어쩌면 잘못된 선택이 반복되면서 잘못된 기준이 만들어질 수도 있다. 그래서 영업활동을 하는 데 있어서 기준을 만드는 것은 대단한 용기가 필요하다.

먼저 훌륭한 기준을 만들어라. 그런 연후에야 훌륭한 성과를 낼 수 있을 것이다. 유혹은 언제나 존재하기 마련이다. 그 유혹을 과감히 뿌리칠 수 있게 해주는 것이 바로 기준이다. 더불어 남들이 만들어 놓은 기준의 함정에 빠지지 않도록 하자. 새로운 기준을 만들고 기존의 낡은 기준을 새롭게 발전시키는 영업의 리더가 되어야 한다. 나는 이렇게 주장하고 싶다. "기준이 영업을 만든다(Criteria make Salesman)."

영업은
왜 공부하고 연구해야
하는가?

매력적인 남자를 일컫는 말들은 시대의 흐름에 따라 변화하면서 입에 착착 달라붙는 표현으로 거듭나고 있다. 훈훈한 남자를 일컫는 훈남, 모든 것이 완벽한 남자를 표현한 엄마 친구 아들인 엄친아, 차가운 도시의 남자를 일컫는 차도남 등이 매력적인 남자를 뜻하는 대명사가 되었다. 요리하는 섹시한 남자인 요섹남이 있는가 하면, 무엇보다 뇌가 섹시한 남자라는 뜻의 뇌섹남이라는 표현이 등장하면서 지적인 남자들이 매력적인 남자의 새로운 기준으로 들어왔다. 물론 뇌섹남은 여성집단에서뿐만 아니라 알게 모르게 남녀노소를 불문하고 우리의 일상에서 인정받는 신조어인 듯하다. 깊이 있는 통찰력과 예리한 판단력, 전문지식뿐만 아니라 다양한 시사상식으로 무장한, 뇌가 섹시한 사람들은 분명 누군가에게 매력적으로 느껴지기에 충분하다.

그런데 이 뇌섹남이 지니고 있는 지적인 측면은 영업에서도 매우 중요하다. 고객의 문제를 정확히 진단하고, 고객이 원하거나 필요한 것을 제안하고 판매하기 위한 일련의 지식이 바로 그것이기 때문이다. 고객이 접하고, 보유한 지식이 늘어나면서 그들이 요구하는 문제 해결에 대한 지식 차원 또한 매우 복잡하고 다양해졌다(Leigh et al., 2014)[*].

일례로 10년 전만 하더라도 고객은 영업이 기술적인 사항에 대해 잘 모르더라도 너그러운 태도를 보였다. 하지만 오늘날에는 결코 그렇지가 않다. 고객의 요구사항을 실시간으로 반영하고 해결하기 위해 기업에서 기술영업을 적극적으로 육성하고 있기 때문이다. 다시 말해 이제는 영업이 전문성을 갖기 위해서는 자신이 다루는 제품이나 서비스 영역에 대해 전문가 수준의 지식을 보유해야 한다. 그럼에도 불구하고 영업 이외의 역량은 고사하고 영업 스킬에 대한 충분한 전문성조차 확보하지 못하는 경우가 많다. 이런 상황을 미루어 짐작해 볼 수 있는 것이 직장인의 자기계발에 관한 자료이다.

그렇다면 직장인 전체의 자기계발 시간은 어느 정도나 될까? 2015년 취업포털 강사닷넷은 전국 20세 이상 성인 남녀 1,741명을 대상으로 자기계발에 대한 설문조사를 실시했다. 그 결과 우리나라 직장인의 자기계발 시

---

[*] Toman W. Leigh, Thomas E. DeCarlo, David Allbright & James Lollar (2014). Salesperson knowledge distinctions and sales performance. *Journal of Personal Sales & Sales Management*, Vol. 34, No. 2, pp. 123-140.

간은 하루 평균 20분, 자기계발에 투자하는 비용은 월평균 8만 7,000원 정도로 나타났다. 즉 일주일에 평균 2.3시간 정도를 자기계발을 위해 사용했다. 전체 설문 대상자 중 43.6%는 자기계발을 위해 한 달 평균 5만 원 미만을 사용하는 것으로 조사되었다.* 국가별 1인당 연간 독서량에서도 일본이 12.7권, 미국이 10.8권인 데 반해 한국은 2.7권으로 현저히 낮게 나타났다.** 한 인터넷 포털업체에서 직장인 786명을 대상으로 한 조사에서 한 달에 1권의 책을 읽는다는 직장인 비율은 25.7%, 0권이라고 답한 응답자도 23%로 나타났다.

복지서비스 이지웰페어가 직장인 1,497명을 대상으로 한 설문조사 결과에서도 직장인들이 자기계발을 하기에 열악한 상황임을 보여준다. 조사 결과 자기계발 달성도는 5점 만점에 평균 2.5점으로 나타났다. 자기계발을 실천하지 못한 이유는 회사생활만으로도 피곤해서라는 응답이 31.7%로 가장 높았으며, 경제적 여유가 없어서가 26.9%로 다음을 차지했다.*** 시간에 관한 응답으로는 과다한 업무로 정시 퇴근이 어려워서가 19.6%였으며, 혼자만의 시간이 없어서가 19.4%를 차지했다.

위의 두 설문조사 결과를 보면 직장인들은 자기계발을 위한 열악한 여

---

* http://economy.hankooki.com/lpage/society/201504/e20150407133525117920.htm

** http://leeconan.com/110143268084

*** http://www.thescoop.co.kr/news/articleView.html?idxno=15401

건에 놓여 있음을 알 수 있다.

하지만 언제까지나 상황이 안 된다고 아무것도 하지 않을 수는 없다. 분명 이런 열악한 상황 속에서도 고성과를 달성하는 영업인과 성공적인 커리어를 설계해 가는 직장인들이 있기 마련이다.

단순 비교가 어렵겠지만 세계적인 운동선수들의 연습시간은 과연 어느정도일까? 2011년 세계선수권대회 선수별 기록의 상위에 오른 안도 미키선수는 주당 28시간, 아사다 마오 선수는 주당 21시간, 김연아 선수는 주당 무려 48시간을 연습에 매진한다고 한다.* 김연아 선수의 경우 하루 평균 7시간 정도로 엄청난 연습량이다. 이런 수치를 보지 않더라도 우리 스스로를 평가해 볼 수 있다. 업무시간을 제외하고, 순수하게 업무의 효율을 높이기 위한 공부나 연습량은 턱없이 부족함을 느낄 것이다. 특히나 영업직군은 애석하게도 다른 직군에 비해 공부나 연습을 게을리한다.

---

* http://tvpot.daum.net/mypot/View.do?clipid=56848258&ownerid=GCnVXmhCmBs0

공부와 연습에 대한 절박감을 일깨워라

이름을 들으면 알 만한 대기업 계열사의 영업직군들을 대상으로 영업교육을 진행하면서 다소 충격적인 이야기를 들은 적이 있다. 입사한 지 7년 가까이 되었지만 영업에 대한 직무교육은 이번이 처음이라는 것이다. 교육과정이 있는데 바빠서 교육을 듣지 못한 것이 아니라, 영업직무에 대한 교육이 아예 없었다는 것이다. 실제 영업을 처음 시작하는 사람들조차도 별도의 영업교육을 받는 경우보다는 현장에서 무작정 부딪히면서 문제를 해결해 나가는 경우가 많다. 만약 다른 분야였다면 정말 큰일 나는 상황이 될 수도 있다. 비행기를 조종하는 조종사가 운항법을 모른다고 생각해 보라. 말도 안 된다고 입을 모을 것이다. 이건 너무 지나친 비유라고 생각할 수 있다. 그런데 결코 지나친 비유가 아니다. 영업직군만이 이상하리만큼 영업에 대한 사전 교육이 없이 영업을 시작하고, 영업직군에서 10년 이상 영업을 하는 영업인조차도 영업에 관한 공부나 연습에 대해 심각하게 생각하지 않는다. 엄밀하게 말하자면 연습은 정말로 하지 않는다. 각 분야의 전문가들은 평소 자신에게 필요한 역량에 대해 충분한 연습을 한다. 아니러니하게도 영업교육을 하는 강사들이 오히려 영업현장에 있는 담당자들보다 영업에 대한 공부와 연습을 더 많이 한다.

왜 그럴까? 여기에는 근본적인 이유가 하나 있다. 생존에 대한(혹은 성공에 대한) 절박감이다. 그리고 이러한 절박감은 결과가 드러나는 시점이 언제인가에 따라 다르다. 사실 강의를 하면 강의장의 분위기나 반응에 따라 바로 그 결과가 느껴진다. 그래서 강사들은 실시간으로 느껴지는 강의 결과(주로 강의를 망쳤다는 결과)에 대해 민감하게 받아들이고, 이를 강의가 끝난 후 개선하는 작업을 한다. 악기를 연주하는 것도 마찬가지일 것이다. 공연 중 실수를 하지 않기 위해서 피나는 연습을 한다. 그 이유는 결과가 즉시 느껴지기 때문이며, 좋지 않은 결과는 바로 다음 공연 섭외에 영향을 주기 때문이다. 이번 강의에서 좋지 않은 결과가 나오면 다시는 동일한 기업에서 강의를 섭외하지 않는다. 그렇기 때문에 최선을 다해서 준비하고 연습하게 된다.

그런데 영업의 결과는 단숨에 느껴지지 않는다. 고객과 대화를 하는 시점에서 무언가 대화가 잘 풀리지 않으면, 고객이 무지하거나 고객이 꽉 막힌 사람이라서 대화가 안 된다고 생각해 버린다. 기업 영업인 B2B 세일즈는 시간이 상대적으로 오래 소요된다. 그리고 결과가 나왔을 때도 무엇을 개선해야 할지에 대한 깊이 있는 분석보다는, 가격적인 요소, 경쟁사의 깨끗하지 못한 플레이 때문이라고 치부해 버린다. 충분히 준비하지 않고, 충분히 분석하지 않으며, 충분히 연습하지 않고 고객을 만나면서 어떻게 좋은 결과를 기대할 수 있을까. 물론 그럴 수는 있다. 모든 선수들이 다 성공하는 것은 아니다. 모든 강사들이, 모든 연주자들이 훌륭한 강의와 연주를 하지는 못한다. 다만 기본적으로 남들보다 오랜 시간 해 온 것이 있기 때문에 일반인들보다는 잘하고 그 정도에서 만족하고 만다. 영업도 마찬가지다. 영업이기 때문에 어느 정도는 판매를 한다. 그 어느 정도에 만족해 버리기 때문에 공부와 연습을 하지 않는다.

우연에 의한 영업의 성과를 버리고 준비하고 연습하라

공부와 연습, 이것은 결코 쉬운 일이 아니며, 엄청난 에너지를 소비해야 하는 의지력과 자기 통제능력*이 필요하다. 뇌는 체중의 2% 정도를 차지하지만 사용하는 에너지는 몸 전체의 20%를 차지한다. 말 그대로 머리를 사용하여 공부를 한다는 것은 엄청난 에너지를 사용한다는 것이고, 에너지를 사용하는 데 있어서는 고통이 따른다. 운동을 하면서 느끼는 고통과 비슷한 개념이다. 하지만 운동을 하고 난 이후에 오는 개운함과 몸으로 느껴지는 건강함으로 인해 고통을 감수하고 운동을 한다. 공부도 마찬가지다. 공부를 하는 과정에는 고통을 느낀다. 하지만 공부를 하고, 준비를 하고, 연습을 하고 난 이후에는 엄청난 자신감이 생긴다.

처음 운동을 하고 난 후에는 근육이 굳고 몸이 쑤신다. 말 그대로

---

* "매튜 게일리엇(Mattew Gailliot)과 여러 심리학자들은 사람들에게 여러 가지 간단한 자기통제 과제를 시키고, 그동안 일어나는 혈당(blood sugar)의 변화를 측정했다. 한 실험에서는 사람들에게 소리가 나오지 않는 비디오를 보게 했다. 이 비디오를 보다 보면 화면 아래쪽 구석에 단어가 하나 나타나서 위쪽으로 서서히 움직이다가 사라졌다. 실험참가자들은 이 단어를 무시하고, 우연히 눈길이 가더라도 바로 화면에 집중하라는 지시를 받았다. 이런 짧고 간단한 자기통제만으로도 사람들의 혈당은 눈에 띄게 떨어졌다. 이런 지시를 받지 않고 그냥 비디오를 본 사람들의 혈당에는 거의 변화가 없었다." http://scienceon.hani.co.kr/34478에서 인용.

알이 배어 움직이기가 몹시 힘들다. 하지만 1주일 이상 꾸준히 운동을 하게 되면 근육이 강화된다. 다소 강한 운동을 해도 몸이 힘들지가 않다. 오히려 운동을 하지 않으면 몸이 찌뿌듯해진다. 공부도 마찬가지다. 처음에 공부를 하거나 연습을 할 때는 정말로 몸이 쑤시고 근질거려서 책상 앞에 30분 이상 앉아 있기조차도 힘들다. 공부도 운동과 마찬가지로 몸에 적응이 될 때까지 해야 한다. 결국 인내심이 필요한 과정이다.

이렇듯 인내심까지 필요한 공부와 연습을 영업은 왜 해야 하는 것일까? 공부를 하고 연구를 한다는 것은 흩어져 있는 생각과 현상들에서 공통분모를 찾아내는 작업이라고 할 수 있다. 또 공통분모를 찾는다는 것은 많은 사람의 공감을 얻고 이해의 폭을 크게 하는 것이다. 영업이 공부를 해야 고객과의 공감대가 넓어지고, 이해의 폭 또한 넓힐 수 있다. 매장에서 단순 영업을 하든, 하이테크 제품을 판매하든 그것은 중요하지 않다. 그 범주 내에서 공부를 한다는 것은 그 범주 내에 존재하는 판매의 가능성을 크게 하는 것이다. 왜 일까? 공부를 하고 연구를 하면 특정 사실이나 현상에 대한 일반화가 가능하다. 그 일반화는 위험요인을 피할 수 있도록 하기 때문이다. 다시 말해 고객들의 심리 속에 존재하는, 고객들의 머릿속에 존재하는, 구매에 대해 존재하는 보편적인 불편함을 편안함으로 바꿀 수 있기 때문이다.

영업이 고객의 구매패턴과 구매심리를 이해하지 못하는 경우와 공부를 통해서 그것을 이해하고 판매할 때의 차이를 생각해 보자. 구매에 대한 고객의 최종 결정은 구매에 대한 확신을 갖는 순간이다. 그런데 그 확신의 순간은 어떤 상황에 의해 불현듯 다가온다. 수없이 많은 구매조건 속에서 어느 한 가지가 불현듯 구매를 결정한다. 그것이 무엇인지를 연구하고 공부한다면, 우리는 그 구매조건에 존재하는 구매를 거부하게 하는 요소를 발견할 수 있다. 그리고 특정 고객이 어떤 구매조건에 만족해 하는지에 대한 일반화의 요인을 이끌어낼 수 있다.

그런데 왜 영업은 공부를 하지 않고, 고객을 연구하지 않고, 고객의 구매행동을 생각하지 않는가? 우연에 내맡겨진 영업은 성공의 가능성을 낮게 한다. 책을 펼치고, 보고서를 읽고, 논문을 읽는 것만이 공부는 아니다. 고객에게 필요한 것을 사전에 점검하고, 고객에게 전달해야 하는 사항들에 대한 지식을 습득하는 것이 살아 있는 공부다. 그 이후에 연습을 통해 몇 번이고 완벽하게 만들어야 한다.

내일 고객에게 해야 할 중요한 프레젠테이션이 있다. 어떻게 하겠는가? PT를 하는 방법에 대해 아무런 연습과 지식이 없는 영업담당자와, 평소 PT에 대해 공부하고 연습한 영업담당자가 있다. 당신이 고객이라면 어느 쪽의 설명을 들을 때 더 공감이 가고 이해가 가며, 어느 영업담당자의 제품을 구매하겠는가?

일상에서 공부하고 연습하라

어떻게 하면 바쁜 시간을 쪼개서 공부와 연습을 할 수 있는지 생각해 보자. 우선 일반적인 자기계발이나 교육에 대해서 살펴보자. 앞에서 다룬 직장인들의 자기계발에 대한 설문조사 결과를 들여다보면 단순히 왜 자기계발을 하지 못하느냐고 질책할 상황만은 아니라는 것이다. 그렇다고 자기계발에 대한 부분을 아주 내려놓을 수도 없다. 가장 현실적인 방법은 기업에서 직장인들의 직무나 역량에 대한 교육을 지원해주는 것이다. 하지만 이 또한 직장인들 스스로가 만들어 나갈 수 있는 사안은 아니다. 기업의 의사결정권자가 나서야 할 부분이기 때문이다. 기업에서 교육에 필요한 예산을 확보하기 어려운 경우에 대비해 국가(고용노동부, 한국산업인력공단, 교육부 등)에서 직장인들의 직무 스킬이나 역량에 관한 교육을 많이 지원하고 있다. 다양한 직무 분야에 질 좋은 무료 교육을 활용해 보는 것도 바람직할 것이다.

이제 일상에서의 학습에 대해 살펴보자. 학습은 배우고 익히는 것이다. 배운 것을 활용할 수 있을 정도의 수준으로 몸에 익숙하게 만드는 것이다. 예를 들어 교육과정에서 고객의 성향을 파악하는 네 가지 기준에 대해 배웠다고 가정해 보자. 배운 것을 실제로 연습을 해야 하는데, 만나는 고객을 대상으로 현장에서 직접 분석하기는 쉽지 않다. 다만 미팅이 끝나고 난 뒤에 고객의 성향을 다시 떠올려 보면서 분석해보는 방법이 있다. 즉, 고객사와 미팅하기 전에 준비해야 할 사항들에 대해 교육을 받았다면, 미팅 전에 반드시 간단히 연습을 해보면 된다. 바쁜 시간을 따로 할애할 것이 아니라, 그때그때 업무 속에서 연습을 할 수 있는 것들이 있다.

반면에 별도로 시간을 내서 해야 하는 공부도 있다. 시장의 주된 흐름, 기술적 변화, 전문지식 등과 같은 것이다. 이러한 사항들은 생산성을 고려해서 공부를 하면 좋다. 즉, 이것저것 닥치는 대로 공부하기보다는 어느 한 가지 테마(혹은 분야)를 정해서 하면 된다. 가령 고객과 미팅을 하는 과정에서 경제상식에 대해 부족함을 느꼈다면 일정기간 경제에 대한 공부를 중심으로 해야 한다. 처음부터 너무 욕심을 내서 영업에 필요한 모든 지식을 학습하고자 하면 무엇을 해야 할지 혼란스러워진다. 그래서 한 가지 분야에 대해 차분히 학습하는 것이 좋다.

대학에서 강의를 하다 보면 학생들이 영어공부에 참으로 관심이 많다는 것을 알 수 있다. 비단 학생뿐만이 아니다. 직장인들도 정말 많은 시간을 영어공부에 매달린다. 그렇다면 질문 하나 해보도록 하겠다. 한 달에 영어 단어를 몇 개나 외우는가? 또 영어 문장은 몇 개나 외우는가? 이 질문에 나는 영어 단어와 문장을 몇 개 정도 외운다라고 대답하는 학생은 그다지 많지 않을 것이다. 영어 정복에 대한 의지가 불탄 나머지 하루에 영어 공부를 5시간 이상씩 몰아쳐서 하고는 1주일을 넘기지 못하고 시들해지기 때문이다. 이런 학생들에게 나는 하루에 영어 단어 딱 1개, 문장 딱 1개만 외우라고 조언한다. 참 쉽다고 생각할 것이다. 그런데 돌이켜 보자. 1년이 지나도록 영어 단어를 몇 개나 외웠는지를 말이다. 놀랍게도 부끄러운 생각이 들 것이다.

영업담당자들에게도 이런 경향이 있다. 발표역량, 협상역량, 커뮤니케이션 역량, 분석역량 등 해야 할 공부가 정말 많다. 중요한 것은 가장 부족하고 가장 시급한 것을 무리하지 않고 꾸준히 하는 것이다. 다시 한 번 강조하지만 시간이 흐른 뒤에 결과가 없는 공부는 하지 않은 것과 다름없다. 내가 지도하는 박사과정에 있는 학생들에게서도 이러한 현상을 찾아볼 수 있다. 빨리 졸업하는 학생들의 특징은 하루에 단 한 줄이라도 쓰고(writing), 읽은 것은 반드시 문서로 정리한다는 것이다. 박사학위를 받지 못하는 학생들의 특징이 있다. 열심히 읽었는데 정리를 하지 않는다. 한 달 동안 무엇을 했느냐고 물으면 논문을 10편 읽었다고 한다. 그런데 어느 정도 시간이 흐른 뒤에 증발해 버린다. 그러니 내용을 물어도 대답을 하지 못한다. 읽은 논문은 정리하고, 추후에 논문을 작성할 때 어느 부분을 사용할 것인지에 대한 메모를 해두어야 한다. 그리고 써야 한다.

영업에 있어서는 더욱이 그러하다. 발표역량에 대해 공부를 했다고 하면, 영상으로 남겨야 한다. 영상을 다시 보면서 개선해야 할 사항을 정리해야 한다. 그런 다음 개선된 모습이 보일 때까지 연습해야 한다. 애석하게도 영업의 성과는 판매나 수주와 같은 실적으로 보이는 것과 마찬가지로 공부도 결과물로 보여야 한다. 그러기 위해서는 한 분야를 꾸준히 하고, 다시 다른 분야를 시작하는 방법을 권한다.

영업, 어찌 보면 누군가에게 단순히 제품이나 서비스를 판매하는 직업이다. 그런 이유 때문에 특별히 역량을 갖추지 않아도 팔릴 때가 있다. 고객이 원하는 경우나 제품이 워낙 좋은 경우가 그렇다. 영업은 '운수 좋은 날'을 기대한다. 그런데 그런 날이 과연 얼마나 될까? 설사 운수 좋은 날이 있다 해도 그건 영업이 평소에 얼마나 많은 준비를 하

느냐에 따라 달라진다. 1년 365일 모든 날을 운수 좋은 날로 만들기
위해서는 많은 공부와 연습을 해야 하지 않을까.

오늘날 영업이 다른 직군에 비해서 전문성을 인정받지 못하는 주요 요인 중 하나는 바로 지식의 결여에 있다. 영업을 체계적으로 연구하는 기관도 매우 부족하거니와 영업담당자들 또한 영업에 대한 심도 있는 공부를 하지 않는다. 현장에서 쌓은 소중한 노하우를 자신의 노트북에 담아 놓고 공유하지 않는다면 영업은 결코 발전할 수 없을 것이다.

영업현장은 실로 생생함 그 자체이다. 그 생생한 현장 스케치를 영업현장에서 활동하고 있는 영업담당자가 하지 않으면 누가 하겠는가? 영업은 진정한 블루오션이다. 영업을 체계적으로 연구하고, 가르치는 분야에서는 특히 그러하다. 영업의 실무 경험이 풍부한 인재들이 영업의 체계를 정리하기 위해서는 석·박사 과정에서 다루는 방법론(연구방법론)을 학습해야 한다. 영업은 전략, 마케팅, 재무/회계, 행동심리, 국제경영 등과 같은 경영학적 지식들을 포괄하는 학문으로 발전할 수 있다. 아직 갈 길이 너무나도 멀다. 가장 시급한 것은 영업담당자들이 스스로의 역량을 한 단계 한 단계 높여 가는 것이다.

SALES INSIGHT

영업의 성과는
어디에서 오는가

PART

2

영업의 성과는 어디에서 오는가?
Sales Performance Chain *

영업교육을 진행하거나 영업현장에서 가장 많이 받는 질문이 있다. 어떻게 하면 영업성과를 극대화할 수 있는가?이다. 질문의 종류는 다양하지만 결국엔 영업을 잘하는 방법, 그래서 성과를 높이는 방법에 관한 질문으로 압축할 수 있다. 이 질문을 받고 나면 할 말이 많아진다. 그런데 이 영업성과라는 것이 한마디로 설명이 안 되니 답답하다. 사람마다 다르고, 회사마다 다르고, 제품마다 다르고, 업종마다 다르다. 결국 영업교육에서 다루는 모든 내용이 영업성과를 극대화하기 위한 것이다. 어떻게 하면 영업성과를 높일 수 있는가에 대한 질문의 답은 영업의 모든 것을 설명해 달라는 것과 별반 다르지 않다. 하지만 분명 고성과를 올리는 조직과 그렇지 못한 조직이 존재하고, 판매를 많이 하는 영업담당자와 그렇지 못한 영업담당자가 존재한다. 완벽하게 모든 성과를 결정하는 요인을 설명할 수는 없다손치더라도 고성과를 지속적으로 창출하는 개인 내지는 조직의 특성은 설명할 수 있지 않을까?

---

* 이 글은 〈동아비즈니스리뷰〉(July 2015, Issue 2, No. 181, pp. 116-123)에 게재되었던 필자의 원고 "'성공 or 실패' 영업은 기복 심한 일, B2B 영업, 장기적 안목으로 평가를..."을 재구성한 것이다.

필자는 영업성과를 결정하는 요인을 설명하기 위해 영업현장과 다양한 논문 및 문헌을 종합해서 SPC(Sales Performance Chain) 모델을 제시하고자 한다. 이 모델은 영업성과를 설명하기 위한 하나의 도구(tool)이다. 그렇기 때문에 영업성과에 대한 모든 것을 담고 있지는 않다. 하지만, 영업성과를 설명하는 통합적 관점에서 접근했기 때문에 다양한 방식으로 현업에서 활용할 수 있을 것이다. 영업성과가 나오지 않는 이유를 분석할 때 SPC 모델에서 다루는 하위 요인을 선별적으로 분리하여 자사의 문제점이나 강점을 식별하는 데 도움을 주고, 또한 조직의 영업성과를 측정할 때도 준거점(criteria)으로 활용할 수 있을 것이다. 뿐만 아니라 각 요인이 상호 연결성을 지니고 있기 때문에(chain) 영업성과를 결정하는 요인 간의 관계를 살펴보는 데도 도움이 될 수 있을 것으로 기대한다.

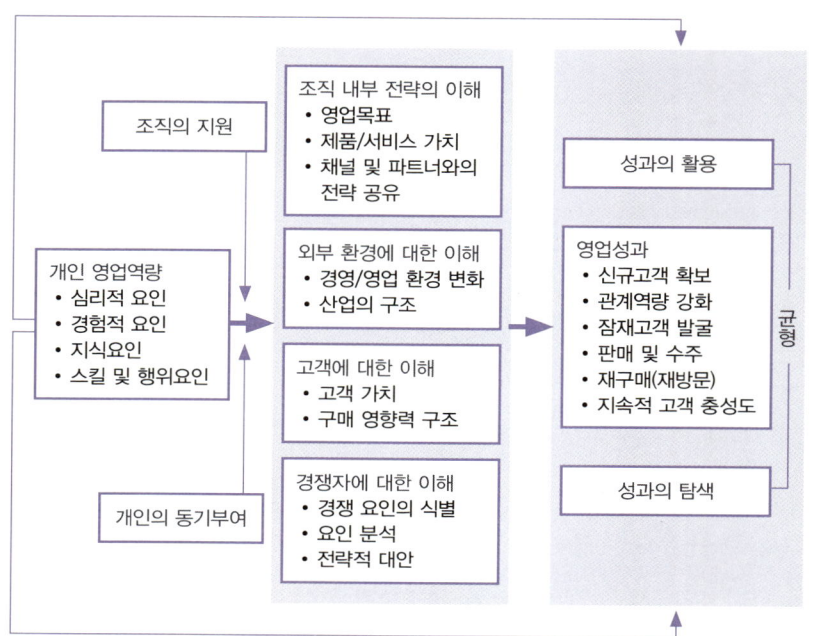

조직의 지원

조직 내부 전략의 이해
• 영업목표
• 제품/서비스 가치
• 채널 및 파트너와의
  전략 공유

성과의 활용

개인 영업역량
• 심리적 요인
• 경험적 요인
• 지식요인
• 스킬 및 행위요인

외부 환경에 대한 이해
• 경영/영업 환경 변화
• 산업의 구조

영업성과
• 신규고객 확보
• 관계역량 강화
• 잠재고객 발굴
• 판매 및 수주
• 재구매(재방문)
• 지속적 고객 충성도

균형

고객에 대한 이해
• 고객 가치
• 구매 영향력 구조

개인의 동기부여

경쟁자에 대한 이해
• 경쟁 요인의 식별
• 요인 분석
• 전략적 대안

성과의 탐색

[그림 1] SPC 모델

개인 영업역량
Personal Sales Skills

개인이 보유한 영업역량은 영업의 가장 기본이 되는 동시에 가장 중요한 요인이라 할 수 있다. 그렇기 때문에 개인의 영업역량은 직접적으로 영업성과에 영향을 끼친다. 아주 작은 물건을 판매하는 경우에서부터 기업 수준의 몇 십 억 혹은 몇 백 억의 구매에 이르기까지 때로는 영업담당자 개인이 구축한 신뢰의 크기에 따라 계약이 이루어지기도 한다. 그러기 위해서는 아주 오랜 시간이 필요하다. 하지만 처음 영업을 시작하는 경우에는 상대적으로 신뢰에 기반한 영업이 쉽지 않다. 이 경우에는 영업담당자가 보유한 차별적 능력(혹은 역량)을 토대로 신뢰까지는 아니라 해도 믿음을 통해 고객의 마음을 열어야 한다. 그렇다면 영업담당자 개인이 기본적으로 갖추어야 할 역량에는 어떤 것이 있을까?

[표 1] 영업 주체 역량 요인

요인	특성
심리적 요인	성취욕구, 위험 감수 성향, 인내 성향, 도전정신, 열정
경험적 요인	동종 업계 근무 경험, 의사결정능력, 관련 분야 전공 및 학력
지식요인	기술지식, 전문성, 관리지식, 제품의 이해도
스킬 및 행위요인	대화기술, 협상능력, 친화력, 발표능력, 설득력

위의 표에서 나열한 요인 및 특성 이외에도 영업담당자가 갖추어야 할 개인적인 역량요인은 무궁무진하다. 여기서는 크게 네 가지 요인으로 분류하였다.

심리적 요인은 영업담당자 개인의 영업에 대한 태도를 결정짓는 요인이라고 설명할 수 있다. 얼마나 영업활동에 몰입할 수 있으며, 고객을 위해 열정적일 수 있고, 이를 통해 반드시 성과를 내겠다는 의지와도 직결되는 역량이라고 할 수 있다. 영업담당자가 심리적으로 불안한 상태에서는 항상 좌불안석이고 자신감이 결여되게 마련이다. 고객이 이를 모를 리 없다. 결국 고객도 이러한 영업담당자에게 확신을 가질 수 없으며, 결코 좋은 성과를 기대할 수 없다. 반면 매사에 당당하고, 포기하지 않는 영업담당자는 고객에게 믿음을 안겨준다. 이러한 믿음은 성과로 이어지고, 다시금 당당해질 수 있는 자신감도 생기게 한다. 전자는 악순환의 반복이며, 후자는 선순환의 반복인 셈이다.

경험에 관련된 요인은 사실상 하루아침에 이루어지지 않는다. 하지만 경험요인은 영업의 성과뿐만 아니라 영업담당자의 전문성과도 관련된 요인이다. 특히 이제 막 영업을 시작하는 사람이라면 자신의 영업분야에 대한 깊이 있는 고민을 해 보아야 한다. 필자는 어느 날 모 대학에서 강의를 마치고 쉬는 시간에 두 학생이 나누는 다소 충격적인 이야기를 들었다. 최근 취업이 어렵다 보니 두 학생은 자신의 전공분야를 선택해 여기저기 지원을 하고 있었다. 한 학생이 모 생명보험회사에 영업직군으로 지원했다는 말을 했다. 이 말을 들은 다른 학생이 "영업은 최후의 수단으로 남겨 놓지 그랬어?"라고 하는 것이었다. 그야말로 깜짝 놀라지 않을 수 없었다. 아직 사회생활을 해보지 않은 친구들이 영업에 대한 선입견을 갖고 있었다. 상황이 이렇다 보니 자신의 경력을 사전에 계획하고 준비하여 영업을 시작한다는 것은 생각도 못할 일이다. 영업이야말로 기업의 꽃이라 불리는 직군임에도 불구하고, 아직도 많은 경우 정말로 할 수 있는 일이 없을 때 마지못해 하는 직군으로 치부되는 현실이 안타깝다. 이제 영업은 그 특수성과 전문성이 차츰 인정되고 있다. 그렇기 때문에 자신의 영업분야를 사전에 결정하고, 경험을 어떻게 쌓아 나가야 하는지에 대한 깊이 있는 고민이 선행되어야 한다.

지식요인은 비교적 단시간에 흡수할 수 있는 수준의 것과 장기간에 걸쳐 습득해야 하는 수준의 것이 있다. 제품에 대한 특성은 비교적 단시간에 학습할 수 있는 반면, 제품의 기술적인 부분은 해당 분야의 전문지식이 필요하기 때문에 학습에 오랜 시간이 소요된다. 영업직군은 이처럼 학습에 상대적으로 오랜 시간이 필요한 전문 지식의 습득에 노력을 기울여야 한다. 고객을 만날 때나 집단회의를 할 때 경쟁사 영업담당자들이 다 할 수 있는 단편적인 지식으로는 경쟁에서 승리할 수 없기 때문이다. 반면, 전문지식으로 무장한 영업담당자는 고객을 만났을 때 실시간으로 기술적 이슈나 문제에 대해 조언해줄 수 있다. 고객 입장에서는 기술에 대한 깊이 있는 답변을 실시간으로 받을 수 있는 영업담당자를 당연히 선호할 것이다.

스킬 및 행위요인은 영업의 깊이와 감칠맛을 나게 하는 차별화된 역량이라고 표현할 수 있다. 신선하고 잘 다듬어진 요리 재료에 조리사만이 알고 있는 일종의 비법에 해당된다고 볼 수 있다. 한층 세련된 표현기법과 마음을 움직이는 설득력, 그리고 자신감에서 나오는 당당함 등이 스킬 및 행위요인을 통해서 수준 높은 자질로 빛나게 된다. 요리에서도 마찬가지겠지만 비법은 수도 없이 많은 반복적인 실험과 연습, 도전으로 만들어진다. 영업에서 스킬 및 행위요인 또한 지속적인 연습과 도전으로 이룰 수 있다. 예를 들어, 발표능력을 향상시키기 위해서는 발표 자료에서부터 발성, 몸동작, 시선 등에 이르는 전 과정을 끊임없이 연구하고 개발하는 과정이 필요하다.

조직 내부 전략의 이해
Understanding of Internal Strategy

영업에서 조직 내부의 전략적 방향을 이해하는 것은 결코 간단한 문제가 아니다. 예를 들어 평소 국내에서 대리점을 대상으로 영업을 진행하던 영업담당자가 회사의 영업정책 변경에 따라 고객을 직접 대면해서 영업을 해야 하는 상황이 발생했거나, 혹은 국내영업만 담당하던 영업담당자가 영업조직의 글로벌 역량을 강화해야 한다는 회사의 요구에 따라 해외영업을 담당해야 하는 상황에 놓였다고 하자. 물론 두 가지 상황 모두에서 적절한 교육과 준비기간이 주어질 것이다. 그렇다 하더라도 일정 기간은 단기성과에 좋지 않은 영향을 미칠 것이고, 새로운 직무에 대한 스트레스도 높아질 것이다. 심지어 이러한 상황에 적응하지 못하고 회사를 떠나는 경우도 발생할 수 있을 것이다.

조직 내부의 영업목표를 포함하여 고객에게 어떤 의미가 있는 제품이나 서비스를 제공할 것인가에 대한 방향의 설정 등은 현장에서 활동하는 영업담당자에게는 매우 중요한 사안임에 틀림없다. 작게는 담당했던 고객사가 변경되는 것부터 시작해서, 크게는 한 해의 영업실적에 타격을 입을 수도 있는 직무의 변경(예를 들어, 국내 영업에서 해외 영업으로의 이동)에 이르기까지, 영업은 다른 직무에 비해 다양한 변화를 겪어야 한다. 환경의 변화, 제품의 변화, 고객 트렌드의 변화와 같은 시시각각으로 급변하는 상황이 즉시 조직 내부에 반영되고, 영업은 최전방에서 전략을 실행해야 하기 때문이다. 그렇기 때문에 영업이 조직 내부의 전략에 대한 충분한 이해와 공감이 없이는 스스로는 물론이거니와 더군다나 고객에게는 확신을 줄 수 없을 것이다.

조직 내부 전략에 대한 이해는 영업직군의 노력도 필요하지만, 전략조직과 충분한 공유가 이루어질 수 있도록 내부 프로세스를 갖추어야 한다. 뿐만 아니라 영업을 함께 진행하는 협력사, 채널, 파트너 관계사와도 자사의 영업전략을 전달하고 한 목소리를 낼 수 있도록 해야 한다. 가장 좋은 방법은 영업전략 수립 초기에 이해관계 조직을 참여시키는 것이다. 이른바 ESI(Early Sales-strategic-planning Involvement)라고 할 수 있다. 구매에서는 제품이나 서비스의 개발 초기에 협력사를 참여시키는 용어로 ESI(Early Supplier Involvement)를 사용하며, 비슷한 개념으로 해석할 수 있다.

외부 환경에 대한 이해
Understanding of External Environment

영업활동을 하는 데 있어서 외부 환경 변화에 대해 이해한다는 것은 어떤 의미일까? 왜 외부 환경 변화를 이해해야 하는 것일까? 무수히 많은 이유가 있겠지만 세 가지로 압축하여 생각해 볼 수 있다.

첫 번째 이유는, 현재를 기준으로 미래에 어떤 대상(what)을 식별하고 활용해야 하는 것이 좋은가를 찾을 수 있기 때문이다. 대상을 식별하고 활용한다는 것은 영업의 제품이나 서비스, 가용한 전략적 자원, 그리고 고객을 식별하고 차별화한다는 것과 같다. 즉, 경쟁기업이 갖지 못한 일시적·지속적 역량을 확보하기 위한 것이다. 더욱이 중요한 것은 환경의 변화에 대한 그 자체가 아니라, 영업이 이를 인지하려는 노력과 이를 적극적으로 활용하려는 실행의지에 있다. 환경 변화에 대한 현상(facts)은 검색어 몇 글자만 입력하면 누구나 알 수 있다. 다만 이를 고객에게 어떻게 적용할 것인지를 고민하고, 상상하고, 구현하는 의사결정의 적극성이 절실히 필요하다는 것이다. 더불어 이는 환경 변화에 따른 미래지향적 관점에서만 중요한 것은 아니다. 현재 시점에서 환경 변화에 능동적으로 대응하기 위해서는 기존에 식별된 대상을 새롭게 식별하는 것 이외에도 기존의 대상에 대한 변화와 혁신이 필요하다. 만약 이러한 대상이 영업인력이라면 기존 인력에 대한 교육이나 지속적인 새로운 지식을 습득하기 위한 노력을 기울여야 한다.

두 번째 이유는, 새로운 방법(how)을 찾을 수 있기 때문이다. 여기서 방법은 영업활동을 하는 데 필요한 시스템과 프로세스에 해당한다. 이 시스템과 프로세스는 항상 트렌드와 환경의 변화에 맞게 불안정하게 변화해야 한다. 극단적으로 표현하자면 만약 영업을 움직이게 하는 방법이 안정화되었다면 그것은 곧 영업이 몰락하는 순간이라 말할 수도 있다. 환경의 변화 속도는 날로 가속화될 것이며, 영업의 프로세스 또한 거침없이 변화하고 수정될 수 있도록 준비를 해야 한다. 이런 관점에서 볼 때 유연한 조직, 오픈되어 있는 조직, 창의적인 조직이 지금까지도 그래왔듯이 앞으로는 더욱 경쟁 우위를 차지하는 데 장점을 갖게 될 것이다. 반면에, 기업이 변화하는 트렌드에 민감하게 반응하지 못하는 닫힌 조직 아래서는 방법이나 시스템, 프로세스가 경직되어 있는 현상을 찾아볼 수 있다. 시스템이나 프로세스와 같은 방법의 경직화는 결과적으로 조그마한 변화에도 움직이려 하지 않는 관료주의문화를 낳게 된다. 어떠한 경우에도 결코 영업활동에 긍정적인 방향으로 작용하지 않을 것이다.

세 번째 이유는, 타이밍(when, timing)을 찾을 수 있기 때문이다. 많은 영업조직들이 대상과 방법을 제일 먼저 구축하고도 사업에 대한 적절한 타이밍을 놓쳐 경쟁 우위에서 밀리거나 힘겹게 그 뒤를 따르게 되는 경우가 있다. 타이밍이 딱 들어맞는다는 것은 시간적인 개념을 포함하는 것만은 아니다. 타이밍은 제품이나 서비스, 고객, 시장, 기업의 생존에 관련된 모든 것을 결정하는 중요한 사안이 될 수 있다. 기업이 특정 서비스나 제품을 시장에 출시할 때 타이밍을 너무 빠르게 하면 고객이 이를 충분히 받아들일 준비가 되어 있지 않기 때문에 실패할 확률이 높아진다. 반대로 타이밍을 너무 늦게 할 경우에는 경쟁기업에 뒤처지는 결과를 초래할 수 있다.

이외에도 환경 변화를 분석하고 이해해야 하는 것이 중요한 이유는, 환경적 위험요인을 줄이거나 제거하는 동시에 기회요인을 강화할 수 있기 때문이다. 환경적 위험요인은 기업이 속한 특정 집단의 전체적인 변화 속에서 이루어지는 경우가 많기 때문에 이를 식별한다는 것은 특정 산업 내에서의 생존을 넘어선 성장의 문제이기도 하다. 영업에게 다가올 위험요인을 식별한 경우라면 적극적으로 이를 감소시키거나 제거하는 전략을 수립할 수 있다. 또한 이 과정에서 새로운 기회요인을 찾을 수 있다. 기회요인은 외부 환경에서 존재하는 경쟁기업이 인지하지 못하거나 진출하지 못하는 영역 내에서 사업의 성과를 낼 수 있도록 한다. 그리고 이 기회요인은 환경적 위험요인을 적극적으로 제거하거나 감소시키는 과정에서 도출할 수 있다. 그렇기 때문에 위험요인과 기회요인은 상호 배타적인 관계를 갖는다. 대상, 방법, 타이밍은 모두 위험요인과 기회요인을 포함하고 있다. 그리고 이 세 가지 중요한 요인은 상호 연결되어 작동된다.

이제는 시대의 흐름에 맞는 제품이나 서비스를 고객의 가치를 높이는 방향으로 출시해야 하며, 이를 효율적이고 효과적인 방법으로 성공시키기 위한 조직 내부의 시스템과 프로세스가 동시에 구축되어야 한다. 기업이 이를 정확히 예측하기 위해서는 많은 경험과 지식이 필요하며, 기업 내부의 역량뿐만 아니라 기업을 둘러싼 외부 환경의 변화를 이해해야 한다.

고객에 대한 이해
Understanding of Customers

영업에 있어 고객에 대한 이해를 통해 대상 고객에게 맞는 최적의 영업활동을 수행하는 것만큼 중요한 것은 없다. 영업은 고객이 있기에 존재한다고 해도 과언이 아닐 것이다. 고객을 이해한다는 것은 단순히 고객이 필요(needs)로 하는 것만을 파악하는 것이 아니다. 그 이상이어야 한다. 다른 경쟁자도 고객이 무엇을 필요로 하고, 무엇을 원하는지(wants)를 파악할 수 있기 때문이다. 경쟁에서 승리하기 위해서는 필요한 것을 파악하는 1차적 욕구를 넘어선 차별화된 접근이 필요하다. 이를 위해서는 고객사 전체의 구매 영향력 구조를 파악하는 것이 무엇보다 중요하다. B2B 영업에서는 구매 대상 고객이 특정인에 국한되어 있지 않기 때문이다. B2B 고객의 구매구조를 분석하기 위해서는 크게 5가지 요인을 고려해야 한다. 최고의사결정권자, 구매팀, 기술지원팀, 사용자, 경쟁자 등이 우리가 제공하는 제품이나 서비스의 구매 결정에 영향력을 행사하는 핵심적인 주체 집단이다.

최고의사결정권자의 경우 가장 큰 관심 사항은 도입하는 제품이나 서비스를 통한 자사의 경제적 이윤에 있다. 또한 본인이 해당 분야의 지식을 많이 보유하고 있는 경우 관심의 정도가 높아지며, 권한 위임을 어느 정도 하는지에 대한 성향에 따라 구매에 미치는 영향이 달라질 수 있다. 권한을 적게 위임하는 성향의 최고의사결정권자는 특정 제품이나 서비스의 구매에 있어 그렇지 않은 최고의사결정권자에 비해 상대적으로 높은 영향력을 행사한다.

구매팀의 경우 제품의 차별화에 따라, 구매팀 구성원의 전문성에 따라 구매 영향력이 달라진다. 구매하고자 하는 제품이 차별화되어 있고, 구매팀 자체가 전문가들로 구성되어 있다면 구매 영향력은 매우 높다고 볼 수 있다. 하지만 차별화된 제품일지라도 구매팀이 일반 구매업무를 수행하는 성격을 띠고 있다면 구매 영향력은 그다지 높지 않을 것이다. 이 경우 구매팀은 기술지원팀에 의존할 것이다.

기술지원팀은 상대적으로 차별화되지 않은 제품의 경우 구매행위에 많은 영향력을 행사하지 않는다. 오히려 일반제품의 경우, 사용자 집단의 의견이나 편의성에 중점을 둔 구매가 이루어진다.

경쟁자의 경우, 기존 제품이나 서비스가 고객에게 얼마나 유용하고, 차별화된 제품인지에 따라 영향력에 미치는 정도가 달라진다. 기존 제품이나 서비스에 별다른 문제점이 없고, 핵심 제품일 경우 경쟁자의 새로운 제품이나 서비스는 구매에 큰 영향을 미치지 못한다. 하지만 기존 제품에 대한 고객의 만족도가 낮은 경우, 오히려 핵심 제품은 빠르게 다른 경쟁사의 제품으로 대체된다.

이처럼 B2B 영업에서 구매는 단순히 몇 가지 기준에 의해서 이루어지지 않으며, 다양한 조직, 이해관계자, 상황이 복합적으로 상호작용하는 특성이 존재한다. 그렇기 때문에 영업담당자는 획일화된 한두 가지의 영업 형태와 방식으로 고객에게 접근해서는 안 된다. 각 고객의 특성과 구매영향력에 대한 지배구조를 파악하고, 영업전략을 수립하여 접근해야 한다.

경쟁자에 대한 이해
Understanding of Competitors

영업현장에서 경쟁자에 대한 것은 매우 민감하게 반응할 수밖에 없는 중요한 영업요소이다. 그럼에도 불구하고 경쟁자에 대한 냉정한 분석과 평가는 잘 이루어지지 않고 있다. 여기에는 몇 가지 이유가 있을 수 있다.

첫째, 무조건 내가 경쟁자보다 잘할 수 있다는 오류에 빠지기 때문이다. 이 경우 경쟁자를 너무 개념적으로 정의하고 대응한다. 고객을 만났을 때도 특정한 검토 기준에 의해 경쟁자와 나를 비교하기보다는 무조건 경쟁자는 나와 '상대가 안 된다'라고만 강조한다. 어떤 측면에서 우리가 경쟁자에 비해 우위에 있는지를 차분히 설명하기보다는 우격다짐이 앞서는 화법을 쓰게 된다.

둘째, 대등한 입장에 있는 경쟁자에 대해서는 회피하기 때문이다. 경쟁 등위(competitive parity) 상태에 있는 경우에는 최대한 우리의 강점을 잘 파악하고 드러내야 한다. 하지만, 내부적으로는 그렇게 해서는 안 된다. 자체적으로는 우리가 상대적으로 부족한 부분을 우선적으로 식별해야 한다. 그리고 대안을 수립해야 한다. 고객은 우리가 부족한 것에 대해 인식하고 있는 경우가 많다. 고객을 만났을 때, 부족한 부분을 어떻게 설명할지에 대한 충분한 답변을 마련해야 한다. 곧

란한 질문이기 때문에 얼버무리고 넘어가서는 절대 안 된다. 어떤 제품이나 서비스이든 경쟁자에 비해 다소 부족한 것이 있기 마련이다. 이 부분을 냉정하게 분석하고 고객이 이 부분에 대해 물어오거나 지적을 했을 때 어떻게 대응할지에 대한 전략을 수립해야 한다. 고객을 속이라는 말이 아니다. 때로는 솔직히 인정해야 할 경우도 있으며, 때로는 정말로 전략적으로 왜 특정한 기능이 부족한지에 대해 고객이 납득할 수 있도록 충분히 설명해야 한다. 그런데 우리가 무엇이 부족한지를 모른다면 어떻게 고객에게 설명을 할 수 있겠는가? 경쟁 등위 상태에서 약간의 강점이 있는 부분은 지속적으로 격차를 벌여 놓을 수 있는 방법을 찾아내야 한다. 약점을 보완하는 것보다 의미 있는 과정이다. 경쟁사가 도저히 따라올 수 없을 만큼 우위를 가질 수 있도록 투자를 해야 하는 부분에는 과감히 투자를 해야 한다. 그러기 위해서는 영업조직뿐만 아니라 관련된 이해관계조직이 함께 분석에 참여하고 공유해야 한다.

셋째, 도저히 엄두가 나지 않을 만큼 경쟁에서 밀리기 때문이다. 이 경우 경쟁자를 분석하려 하지 않는다. 아무리 싸워도 이길 자신이 없기 때문이다. 그런데 이때조차 기회는 존재한다. 아무리 강해 보이는 경쟁자라 하더라도 약점이 있기 마련이다. 단숨에는 절대 극복되지 않을 것이다. 강한 경쟁자라 할지라도 강함 속에서 상대적으로 약한 부분을 식별하고, 장기적으로 우리가 극복할 수 있는 부분을 정리하고 계획을 세워야 한다. 이 과정에서 경쟁자에 비해 여전히 약자일 수는 있지만, 우리 스스로의 경쟁력을 한 수준 높일 수 있는 기회를 갖게 되는 것만으로도 커다란 의미가 있다. 경쟁이 없으면 발전이 없다. 강한 경쟁자의 기준을 우리의 기준으로 삼고, 달성할 수 있도록 노력하는 과정에서 장기적으로 경쟁 우위를 확보해야 한다.

경쟁자는 영업에 있어서는 매우 피곤하고 귀찮은 존재다. 하지만 경쟁이 없는 영업은 그 존재 가치를 인정받지 못한다. 경쟁이 없는 영업은 매너리즘에 쉽게 빠지게 되고, 노력하지 않는다. 독점 시장에 존재하는 영업은 다양한 시도나 도전에 대해 아무런 감흥도 느끼지 못하고, 어느 날 아주 약한 경쟁자가 등장해도 쉽게 무너져 버리고 만다.

경쟁자에 대한 이해는 긍정적인 측면에서 접근하고 해석해야 한다. 그렇지 않으면 귀찮다는 이유로, 때로는 경쟁자에 대한 정보를 파악하기 어렵다는 이유로 분석을 소홀히 하게 된다. 또한 경쟁은 군살을 제거하게 하는 좋은 운동이라 생각해야 한다. 경쟁자에 너무 몰입하여 자신감을 잃지 않아야 하는 것도 중요하다. 운동도 지나치면 몸에 무리가 가는 것처럼 말이다. 경쟁을 긍정적으로 생각하되 그 목표는 그 경쟁에서 건강하게 우위를 차지하는 것이어야 한다. 경쟁을 너무 의식한 나머지 출혈 경쟁을 한다든지, 윤리적으로 문제가 될 수 있는 의사결정을 해서는 안 될 것이다.

조직의 지원
Organizational Supports

영업담당자들과 대화를 해보면 영업활동을 하는 데 있어 가장 불만 요인 중에 하나가 바로 회사의 지원 부분이다. 아주 작게는 영업활동을 하는 데 필요한 통신요금에서부터, 차량, 유류비 지원과 같은 것들이며, 크게는 인센티브, 영업에 대한 대우조건, 전략 및 마케팅 지원 등과 같은 것이 있다.

하지만 영업담당자들을 가장 힘들게 하는 것 중 하나는 영업담당자에 대한 인식이다. 얼핏 보면 조직의 지원과 거리가 멀어 보이지만 결코 그렇지가 않다. 영업은 맨땅에 헤딩해야 한다거나, 헝그리 정신이 부족하다거나, 혹은 도전정신이 부족해서 군기가 빠졌다거나 하는 말들이 그것이다. 즉 조직의 문화에 해당되는 부분이다. 회사 내부에서조차 영업직군에 대한 편견이 존재하고 전문성을 인정해 주지 않는다면, 영업은 스스로 그렇게 될 수밖에 없다.

기업의 교육과정을 살펴보면 직무에 관련된 다양한 교육과 어학교육, 기술교육 등이 마련되어 있다. 하지만 상대적으로 영업을 위한 교육은 특화되어 있지 않다. 사실 경영학과에서조차 영업과목을 가르치는 대학이 없다는 사실만 봐도 놀라운 일이다. 영업은 스스로 알아서 해야 한다는 것, 영업에는 특별한 역량이나 기술(스킬)이 필요 없다는 것, 영업은 바로 시작할 수 있다는 것과 같은 인식이 영업성과를 저해하는 가장 큰 걸림돌이다. 고객과 가장 최전방에서 만나고 소통하며, 매출에 가장 많은 기여를 하는 직군임에도 불구하고 말이다. 그나마 최근에는 기업들이 다양한 영업교육을 제공하고자 노력하고 있으며, 대학에서도 이러한 움직임이 보이는 것은 매우 고무적이고 바람직한 징조라 할 수 있다.

조직이 영업에 어떠한 지원을 하느냐는 어찌 보면 매출과 직결되는 문제이다. 아직 대부분의 조직이 영업을 위한 체계적이고 구체적인 지원 시스템을 설계하지 못하고 있다. 그렇기 때문에 빠르게 지원 시스템을 구축하는 조직이 경쟁 우위를 선점할 수 있다고 말할 수 있다. 가장 중요한 것 하나만 개선해도 많은 부분이 연관되어 개선될 수 있다. 바로 영업에 대한 조직의 인식을 개선하는 것이다. 전문성이 뛰어나고, 사업에 대한 센스(sense)와 도전정신을 두루 갖춘 인재들이 모일 수 있는 조직이 되어야 한다.

필자가 몸담았던 IT산업에서는 업계 리더 군인 IBM, HP, LG CNS, 삼성 SDS와 같은 영업직군에 이러한 인재가 많이 형성되어 있다. 영업, 기술, 전략, 컨설팅, 프로젝트 역량 등을 고루 갖추고 있기 때문에 회사 내부에서도 아무나 할 수 없는 직군으로 인정받고 있다. 이들을 위한 다양한 교육과 지원은 이들이 높은 수준의 영업을 진행할 수 있도록 하며, 기업의 허리를 형성하는 중요한 인재로 성장할 수 있도록 하고 있다. 국내뿐만 아니라 해외영업에서도 중요한 역할을 수행할 수 있도록 다양한 기회를 제공하기도 한다. 이런 토양을 제공하면 자연히 우수한 인재들이 모여들게 된다.

B2B 영업에서는 단순히 고객을 만나고, 설득하고, 제품이나 서비

스를 판매하는 행위에서 영업이 끝나지 않는다. 때로는 기술로, 때로는 영업으로, 때로는 컨설팅으로, 때로는 프로젝트 현장에 투입되어 사업을 발굴하고 재구매를 유도한다. 영업이 영업 스스로의 가치를 인정받는다고 생각할 수 있도록 조직이 배려하는 것, 그 이상 더 효과적인 지원은 없다.

개인의 동기부여
Self-Motivation

영업담당자의 동기부여는 다소 다른 방식으로 이루어진다. 바로 스스로가 동기부여의 주체가 되어야 한다. 개인의 업무분야가 각각 존재하기는 하지만, 팀 단위로 이루어지는 다른 조직에 비해 영업조직은 개별적인 활동을 통해 스스로를 증명해야 한다. 영업담당자 한 사람 한 사람이 작은 기업과도 같기 때문이다. 영업현장에서 신규고객을 발굴하는 것에서부터 시작하여 계약을 체결하는 전 과정에 걸쳐 영업담당자는 매순간 치열한 경쟁을 이겨내야 한다. 고독한 과정이라 할 수 있다. 고객과 가장 근접해 있기 때문에 속된 말로 욕도 제일 많이 듣는다. 그만큼 상처도 깊고 심리적으로도 엄청난 감정노동을 하는 경우가 많다.

영업에서 오는 스트레스를 스스로 다스리지 못해 마음의 상처뿐만 아니라 몸까지 망가지는 경우를 목격할 때마다 안쓰럽기 그지없다. 영업은 고객과의 신경전에서부터 경쟁자와의 경쟁, 심지어 내부 구성원들까지도 모두 경쟁자다. 극단적으로 표현하자면 경쟁에서 시작해서 경쟁으로 끝난다고 해도 과언이 아닐 것이다.

그런데 더욱 큰 문제는 이런 상황하에서 스스로에게 동기부여를 하기가 쉽지 않다는 것이다. 사람마다 타고난 성격이 다르기 때문에 작은 일에도 상당한 스트레스를 받는 영업자가 있는가 하면, 다소 무모하리만큼 대범한 사람도 있다. 뾰족한 묘수가 없다. 그럼에도 불구하고 자신만의 노하우를 찾는 것이 최선이라는 것이다. 영업에 몰입해야 하는 시간과 새로운 역량을 개발하는 시간을 균형 있게 관리해서 경쟁자와 차별화된 요인을 찾아야 한다. 몸과 마음을 망치는 행동을 통해 스트레스를 해결하려 하지 말고, 몸과 마음을 치유할 수 있는 활동을 통해 장기적으로 영업활동을 할 수 있는 체질을 만드는 것이 중요하다. 너무 뻔한 이야기처럼 들리겠지만 수십 년 간 영업현장에서 고성과를 올리는 영업담당자의 특징 중 하나다.

영업은 실패 아니면 성공 둘 중 하나만 존재하기 때문에 성과에 대한 기복이 다른 업무에 비해 큰 편이다. 매번 승리하지 못했다고 자책하기보다는, 실패에 대해 때로는 관대하게 바라볼 필요가 있다. 그 실패를 통해서 조금씩 스스로를 개선해 나가는 기회로 삼고 성장해야 한다. 일희일비(一喜一悲)하지 말아야 한다. 장기적인 관점에서 본인에게 가장 적합한 의미 있는 영업목표를 수립하고 접근한다면 한 가지 좋지 않은 일에 그다지 얽매이지 않게 될 수 있다. 즉, 실패 또한 내가 장기적으로 달성해야 하는 목표를 향해 달려가는 과정으로 인식할 수 있다.

영업담당자의 동기 결여는 결과적으로 너무나도 당연히 성과에 부정적인 영향을 미친다. 자신뿐만 아니라 조직 전체에 미치는 영향이 지대하다. 조직 차원에서의 동기부여 방법과는 별개로 영업담당자는 자신만의 경쟁력을 높이기 위한 동기부여 방법을 찾는 것이 묘수(妙手)가 아닌 정수(正手)라 할 수 있다.

영업성과
Sales Performance

기업의 성과는 단기 성과와 장기 성과의 균형을 이루어야 한다고 기존 연구에서 수없이 주장하고 있다. 하지만 장기적인 성과를 고려한 의사결정을 하기에는 현실적으로 많은 장벽이 존재한다. 특히 영업의 성과는 단기적인 성과에 집중될 수밖에 없다. 주로 판매 및 수주를 중심으로 한 성과가 대표적인 단기적 성과라 할 수 있다. 하지만 영업의 성과야말로 단기, 중기, 장기 성과의 적절한 배분이 필요하다. 한 가지 다행인 것은 단기 영업성과를 높이는 과정에서 중기, 장기 성과를 고려한 영업활동을 지속적으로 수행할 수 있는 구조가 존재한다는 것이다. 판매 및 수주활동을 진행하면서 기존고객과의 관계역량을 강화하는 활동은 재구매율을 높이고, 장기적으로는 충성 고객을 지속적으로 확보한다는 측면에서 상호 연결되어 있다. 즉, 단기적으로 영업성과를 높이는 동시에, 장기적인 관점에서도 영업성과를 가져갈 수 있다는 것이다.

신규고객을 발굴하거나 잠재고객을 발굴하는 활동은 기존 영업활동의 범주에서 영업담당자가 추가적으로 노력해야 하는 부분이다. 1년 단위의 영업활동을 기준으로 70%는 기존고객에게 몰입하고, 30% 정도는 신규고객이나 잠재고객을 발굴하는 활동을 수행해야 한다. 이는 영업의 지속성을 위해 반드시 필요한 것이라 할 수 있다. 기존고객과 신규고객에게 할애하는 시간의 비율은 영업담당자의 역량이나 조직의 요구조건에 따라 유동적으로 할애할 수 있을 것이다.

또한 조직 차원에서 영업성과 관리에 대한 제도적인 장치를 마련하는 것도 매우 중요하다. 영업담당자를 평가할 때 당해 연도의 단기 실적만을 KPI(Key Performance Indicators)에 적용하기보다는, 중기, 장기 실적도 함께 포함해서 평가해야 한다. 신규고객 발굴, 관계역량 강화 노력, 잠재고객 발굴, 재구매(재방문) 비율, 고객 만족도 및 충성도의 유지 노력 등과 같은 확장된 성과지표를 고려해야 한다.

아울러 영업담당자 개개인의 노력과 조직의 시스템이 유기적으로 연결되어야 한다. 영업담당자가 아무리 좋은 신규고객을 발굴했다 하더라도 이를 실적으로 인정받지 못하면 추가적인 노력을 하지 않을 것이기 때문이다. 때에 따라서는 자신이 발굴한 신규고객의 구매가 발생하는 시점에서 영업담당자가 교체될 수도 있다. 이런 경우, 판매나 수주를 기준으로 한 영업실적의 평가는 타당하지 않다. 이러한 현상이 반복적으로 발생하면 영업담당자는 단기적인 성과에만 몰입하게 되는 악순환이 되풀이될 것이다.

이러한 단기 성과와 중장기 성과의 균형을 영업성과의 탐색과 활용(exploration and exploitation)이라는 개념으로 설명할 수 있다. 탐색과 활용은 March(1991)*가 기업의 학습역량을 강화하기 위한 방법으로 제시한 이론이다. 기존에 보유하고 있는 자원이나 지식을 사용(활용, exploitation)하여 점진적인 혁신이나 발전을 이루어야 하며, 새로운 지

---

* March (1991). Exploration and exploitation in organizational learning. *Organization Science*, Vol. 2, No. 1, pp. 71-87.

식이나 역량을 지속적으로 발굴(탐색, exploration)하여 성장동력으로 발전시켜야 한다는 것이다. 영업의 성과 또한 기존의 고객을 통해 지속적인 재구매를 발생시키고, 영업담당자가 보유하고 있는 역량을 극대화하여 성과를 높이는 활용 측면의 활동을 수행해야 한다. 또한, 신규고객의 발굴을 통해 지속적인 성장을 이룰 수 있는 기반을 마련하는 활동을 균형 있게 수행해야 한다.

탐색만을 너무 지나치게 강조하면, 새로운 기회의 탐색비용이 높게 올라간다. 반면 활용만을 너무 강조하면, 기존 역량을 모두 활용했을 때 문제가 발생하고, 기존고객에게서 더 이상 재구매가 발생하지 않을 때 생존에 문제가 된다. 그러므로 영업직군은 탐색과 활용의 균형을 통해서 단기적 성과와 장기적 성과 모두를 달성할 수 있도록 해야 한다.

영업의 성과를 결정짓는 요인은 너무나도 많다. 더불어 그 요인들 하나하나는 산업마다, 기업마다, 영업담당자마다 차이가 있다. 어떤 산업에서는 정부와의 관계가 매우 중요한 경우가 있고, 또 어떤 산업에서는 시장환경의 변화가 중요한 경우가 있다. 개인의 영업방식에도 자신만의 성과를 결정짓는 요인이 다르다. 중요한 것은 영업의 성과를 높이는 요인과 자신의 강점을 잘 접목시키는 것이다. 사람을 상대하는 것에 강점이 있다면 고객과의 관계 형성을 자신만의 성과 결정요인으로 강화시켜야 한다. 이와는 반대로 사람을 만나는 데는 자신이 없지만 분석역량이 뛰어나면 이를 충분히 활용하여 얼마든지 영업을 할 수 있다. 그동안 진행해 온 영업실적을 정리해보면 도움이 된다. 성공한 거래와 실패한 거래를 비교해 가며 성공의 원인과 실패의 원인을 살펴보자. 성공한 거래에서 성공의 주된 요인을 지속적으로 강화시키고, 실패한 거래에서 교훈을 찾아야 한다.

영업성과의 주된 요인을 찾기 위해서는 스스로에게 질문을 던져 보아야 한다. '나는 무엇을 통해서 거래를 성사시켰는가?' 이 질문에 대한 답을 찾는 과정에서 그동안 숨겨진 성공의 열쇠를 찾게 될 것이다. 답은 분명 영업담당자 자신 안에 있다. 그런데도 우리는 스스로를 들여다보지 못한다. 자신의 약점을 너무 크게 보기 때문에 스스로를 들여다보기가 겁이 났던 것이다. 약점은 약점일 뿐이고, 약점이 없는 사람은 없다.

먼저 스스로에게 질문하라. 그리고 그 답을 찾기 위해 고민하면 된다.

영업 단계에 숨어 있는 이슈를 환영하라 성과가 보인다[*]

영업인의 아침은 늘 가볍지만은 않다. 특별한 일이 없으면 사무실로 출근해서 티타임을 가장한 회의를 진행한다. 오늘도 무사히 별일 없이 지나갔으면 좋으련만 그런 기적이 있을리 만무하다. 티타임을 진행하는 내내 가시방석이다. 일단 팀장님이 이미 알고 있는 좋지 않은 사항에 대해 어떻게 말을 해야 깨지지 않을까를 고민해 본다. 그렇게 티타임이 끝나기가 무섭게 전화벨이 울리기 시작한다. 고객으로부터 온 전화다. 어제까지 전해주기로 한 자료를 독촉하는 전화에서부터, 프로젝트 현장에서 PM과 고객이 다투었으니 당장 들어오라는 내용, 견적서 수정 요청, 새로운 RFP 설명회에 참석하라는 전화까지 한바탕 전쟁을 치른다. 회의마다, 전화마다 모두 다 급하고 빨리 처리해 달라는 요청뿐이다.

그런데 잠시 생각을 정리해보면 이런 이슈들이 영업을 움직이는 힘이고, 영업이 존재하는 이유이다. 고객이 찾지 않는 영업, 문제가 존재하지 않는 영업은 죽은 영업이다. 영업을 처음 시작할 무렵에는 나에게 화를 내고 자존심을 뭉개는 고객이 그렇게 밉고 화가 났다. 그런데 영업인으로 5년 정도를 보내던 어느 날, 문득 내가 왜 이런 대접을 받고 영업을 하고 있을까를 깊이 생각해 보았다. 고객이 과연 나에게 화를 내는 것일까? 고객이 나에게

[*] 이 글은 〈동아비즈니스리뷰〉에 기고한 글을 기초로 재구성하였다. forthcoming.

화를 내지 않는다는 것은 무엇일까? 이 질문에 대한 답을 찾는 데는 그리 오랜 시간이 걸리지 않았다. 고객은 나를 믿고 신뢰하기 때문에 나와 계속 일을 하려고 화를 내는 것이다. 정말 내가 맘에 들지 않는다면 고객은 아마도 영업담당자를 바꿔달라고 했을 것이다. 혹은 수많은 경쟁자들 중 다른 한 군데로 거래처를 바꾸면 그만이었다. 그런데 그들은 그렇게 하지 않았다. 그때서야 내가 왜 영업을 해야 하는지를 깨달았다. 그리고 고객이 던지는 수많은 이슈들이, 문제점들이 스트레스가 아닌 새로운 비즈니스로 보이기 시작했다.

　그렇다면 B2B 영업의 각 단계별로는 어떤 이슈들이 존재하고, 우리는 이러한 이슈들을 어떠한 새로운 시각으로 바라봐야 하는지를 살펴보자. B2B 영업의 단계는 고객 발굴, 접근, 제안, 계약, 구축, 유지보수 단계를 거친다. B2C 영업에 비해 기술을 기반으로 하는 경우가 많고, 영업에 소요되는 기간이 상대적으로 길다. 또한 단순 판매 중심이기보다는 제안을 통한 고객 가치의 발굴에 중점을 두어야 한다. 이러한 이유로 B2B 영업은 B2C 영업보다 많은 노력과 에너지가 소모되며, 영업과정에서 발생하는 문제점이나 이슈가 다수의 이해관계 속에서 예기치 않게 속출하게 된다.

고객 발굴 단계:
신규고객 발굴의 중요성부터 인식하라

고객 발굴 단계는 신규고객을 발굴하는 중요한 과정임에도 불구하고 현실적으로 영업담당자에게 그 중요성이 제대로 인식되지 못하고 있다. 영업현장에서 발생하는 그날그날의 업무에 몰입하다 보면 새로운 고객에 대한 생각은 이미 기억 저편으로 밀려나 있다. 그렇기 때문에 팀장은 영업담당자들의 당면한 업무에 대한 관리와 더불어 신규고객 발굴을 위한 신호를 적시에 보내야 한다.

영업현장에서 신규고객을 발굴할 때 영업담당자는 어떤 고객을 어떻게 발굴해야 하는지 전혀 모르겠다고 하소연한다. 특히 기존고객을 충분히 확보하고 있지 못한 영업담당자일수록 그 막막함의 크기는 클 수밖에 없다. 또한 신규고객 발굴에 따르는 비용에 대해 인정받지 못하는 경우가 많다. 우선 신규고객을 발굴하는 과정에서는 이익이 바로 발생하지 않기 때문이다. 이러한 비용에 대한 인정 범위의 문제는 영업담당자가 아닌 조직 차원에서 지원체계를 개선하는 것이 바람직하다.

신규고객을 발굴하는 방법에 있어서도 영업담당자들이 어려워하는 부분은 도대체 고객이 보이지 않는다는 것이다. 이때 이미 잘 구축되어 있는 각종 기관의 자료를 참고하면 도움이 된다. 기업연감, 코참

비즈, 나라장터, 한국기업데이터, 중소기업현황정보시스템 등과 같은 기업 데이터베이스를 충분히 활용하면 기업에 대한 기초자료를 정리하는 데 유용하게 활용할 수 있다. 또한 기존 거래처나 협력사와의 협업, 전문가 모임, 세미나 및 학회의 참석을 통해서도 신규고객 발굴을 위한 네트워크를 확장할 수 있다. 이와 같은 방법으로 탐색과정을 마친 후에는 고객사의 기본 정보를 바탕으로 우선순위를 고려해서 접근할 대상 고객을 식별하면 된다.

이러한 일련의 과정은 생각보다 상당히 많은 시간과 노력을 요한다. 얼핏 보기에 영업담당자가 아무런 성과도 내지 못하는 것처럼 오해를 받을 수도 있다. 또한 영업담당자의 유형에 따라 어떤 영업담당자는 신규고객을 발굴하는 것이 매우 적극적이고 활발하게 움직이는 성향을 지닌 반면, 기존고객의 업무를 매우 꼼꼼하게 지원하는 데 적합한 성향을 가진 영업담당자도 있다. 여기서 팀장의 역할이 중요하다. 영업담당자 개개인의 성향 특성을 감안하여 신규고객 발굴과 기존고객 관리의 업무비율을 조정해 주어야 한다. 무조건 동일한 기준으로 모든 영업담당자에게 신규고객 발굴을 지시하는 것은 바람직하지 않다.

영업담당자 한 사람이 모든 산업 범위에 있는 고객사를 분류하고 탐색하는 것은 현실적으로 매우 힘든 일이다. 먼저 특정한 범위(예를 들어 건설, 통신, 화학, 금융 등)를 정해 놓은 후에 해당 분야를 중점적으로 탐색하는 것이 효과적이다. 그런 다음 새로운 고객을 탐색하는 자신만의 방법을 찾아서 새로운 범위로 확장해 나가는 것도 좋은 방법이 될 수 있다. 이는 이후 접근 과정에서 야기되는 문제점까지를 고려한 것이라 할 수 있다. 고객의 입장에서 생각해 보면 접근해 오는 영업담당자가 고객사가 속해 있는 산업에 대해 잘 모르는 경우 오히려 신뢰가 무너질 수 있기 때문이다. 영업담당자는 자신이 발굴하고자 하는 고객사가 포함된 산업분야에 대해 심도 있게 학습한 후에 고객에게 접근하는 것이 필요하다. 이를 위해서는 고객 발굴 단계에서부터 자신만의 영역에 대해 사전에 명확하게 계획을 세우는 것이 중요하다.

접근 단계:
접근하고자 하는 대상과 조직의
이해관계를 분석하라

A인쇄사는 기업이나 학교의 인쇄물을 제작하는 B2B 사업을 하고 있다. 김과장은 최근 학교에서 발행하는 논문집과 강의교재에 대한 인쇄영업을 하기 위해 지인을 통해 해당 학교의 담당자를 소개받았다. 담당자와 통화하여 최종 의사결정을 하는 담당 교수님이 누구인지까지 확인해 두었다. 방문 시점에 담당 교수님을 먼저 접촉하는 것이 더 빠를 것이라는 판단 아래, 임원과 함께 교수님과 약속을 잡고 미팅을 갖게 되었다. A인쇄사의 임원은 친근감을 나타내기 위해 담당 교수에게 그 학교의 다른 교수님과 친분이 있다는 말로 인사말을 건넸다. 한 시간 정도 미팅을 한 후 세부 사항에 대한 영업은 김과장이 진행하기로 하고 마무리했다.

그런데 미팅 이후 학교 측 담당자와 교수님의 반응이 싸늘하였다. 그렇다면 A인쇄사의 김과장과 임원은 어떤 실수를 한 것일까? 얼핏 보기에는 의사결정을 할 수 있는 키맨(keyman)을 직접 공략했고, 사전에 해당 학교에 근무하는 다른 교수님과의 친분도 확보해 놓았는데 말이다. 이 사례에서는 접근방식의 타당성 측면과 접근 경로가 잘못되었다.

첫째, 김과장은 해당 학교의 담당자에게 먼저 연락을 해 놓고는 담당자를 건너뛰고 직접 담당 교수님을 만난 것이 잘못되었다. 이는 담당자 입장에서는 무척 불쾌하고 무시당했다는 기분이 들게 하는 것이다. 접근 경로가 잘못된 것이다.

둘째, A인쇄사 임원의 첫 인사가 잘못되었다. 다른 지인을 언급할 때는 내가 지금 미팅을 하는 고객과 언급하고자 하는 지인의 관계를 사전에 확인했어야 했다. 한 조직 내에 있다 하더라도 무조건 둘 사이가 좋다는 가정을 해서는 안 된다. 또한 고객의 성향에 따라 중요한 의사결정에 압력을 넣는다는 기분이 들게 할 수도 있다. 담당 의사결정권자와 그 지인에 대한 정확한 정보가 없을 경우에는 가능하면 언급하지 말아야 한다. 물론 둘 사이가 좋은 관계라면 문제가 되지 않겠지만, 확률은 반반이다. 굳이 첫 인사자리에서 의사결정에 영향이 있을 수 있는 발언을 할 필요는 없다는 것이다. 그럼에도 불구하고 영업 담당자들은 이러한 실수를 너무 많이 하는 경향이 있다.

확장해서 생각해 보면, 고객에게 접근하는 과정에서는 해당 조직에 대한 어느 정도의 사전 검토를 통해 언급해야 하는 대상이나 특정 사건에 대한 검증을 해야 한다. 그러한 사전 검증이 충분히 이루어지지 않았을 경우에는 가능하면 관계 중심의 접근보다는 고객의 요구사항이 어떤 것인지를 파악하고 도움을 줄 수 있는 것을 정리하는 방향으로 접근하는 전략을 수립해야 한다.

접근 단계에서 발생할 수 있는 이슈는 접근을 할 것인지 말 것인지에 대한 것에서부터 시작해서, 어떤 경로를 통해 담당자(혹은 키맨)에게 접근할 것인지에 대해 고려해야 한다. 이 과정에서 사전에 수집할 수 있는 고객의 현재 요청사항이나 욕구를 파악하면 더욱 좋을 것이다. 첫 미팅자리에서 고객이 정확히 원하는 것을 제시할 수 있다면 더할 나위 없이 좋은 기회이기 때문이다.

또한 영업담당자는 고객 입장에서 접근해 오는 영업담당자의 신뢰성이나 접근방식 및 경로에 대한 이슈가 발생하지 않도록 철저히 준비해야 한다. 고객은 접근해 오는 여러 영업담당자들을 무조건 환영할 수만은 없다. 아무런 검증도 되어 있지 않고 아직 신뢰도 쌓이지 않은 상황이기 때문이다. 또한 고객은 접근하는 경로에 있어서도 타당하지 않다고 판단되면 첫인상을 매우 부정적으로 갖는다. 다짜고짜 전화해서 용건이 있으니 만나자는 식의 접근은 지양해야 한다. 고객이 어떠한 상황에 처해 있는지 모르기 때문에 문자나 메일을 통해 사전 양해를 구한 후 통화를 하는 것도 유용한 방법이다. 영업담당자가 접근 단계에서 많이 하는 실수 중 하나가 고객의 입장을 생각하지 않고 접근을 해야 한다는 중압감 때문에 자신의 입장에서 일을 하는 것이다.

접근은 고객과의 첫 만남을 갖는 소중한 시간이며, 첫 인상을 결정하는 아주 중요한 자리다. 그러니 만큼 신중에 신중을 기하고, 어떤 전략을 통해 접근을 할 것인가를 사전에 충분히 준비하고 검토해야한다. 아주 사소한 일로 생각할 수 있지만 그것이 영업의 성과를 위해내딛는 첫발임을 잊어서는 안 된다. 발생할 수 있는 이슈를 사전에 꼼꼼히 정리하고, 이에 대한 행동지침을 통해 실행하는 것이 중요하다.

제안 단계:
평소의 제안활동에 중점을 두어라

B2B 영업에서 하는 제안은 크게 두 가지로 나눌 수 있다. 하나는 고객사로부터 RFP(Request For Proposal)를 받은 후에 제안서를 통해서 수행하는 것이고, 또 다른 하나는 일상의 영업진행 과정에서 고객에게 필요한 사항에 대해 수시로 제안하는 활동이다. 물론 두 가지 모두 중요하다. 평상시의 제안활동을 통해 고객과 충분한 소통을 했다 하더라도 본 제안서가 부실하면 수주에 좋지 않은 영향을 미친다. 또한 평상시 충분한 제안활동을 하지 못했다 하더라도 본 제안을 통해 이를 극복하는 경우도 있다. 결국 본 제안서가 결정적인 역할을 한다. 그렇다면 평상시 이루어지는 제안에 대한 부분은 중요하지 않은 것일까? 절대 그렇지 않다. 오히려 평상시 이루어지는 제안활동이 본 제안보다 더욱 중요하다. 그 이유는 기회를 높이는 것에서 찾아볼 수 있다. 평상시 고객이 원하는 사항에 대한 제안을 충분히 실행했다고 한다면, 상대적으로 그렇지 못한 경쟁자에 비해 본 제안서를 더 훌륭히 작성할 수 있기 때문이다. 즉, 본 제안서의 최종 품질에 영향을 미칠 수 있는 확률이 높아진다는 것이다.

평소 고객과 친밀한 관계를 형성하고, 고객이 원하는 바를 충분히 지원한다는 것은 우리에게 유리한 경쟁 구도를 구축하는 것이다. 우선 고객사에서 RFP를 작성하는 시점에서부터 관여할 수 있다. 즉, 우리에게 유리한 방향으로 작성될 수 있도록 RFP 초안을 만들어 줄 수 있다. 이 과정에서 경쟁사보다 우리에게 강점이 될 수 있는 부분과 경쟁사에게 약점이 될 수 있는 부분을 포함시킬 수 있다. 또한 고객사가 RFP를 작성할 때 평상시 고민하던 사항들을 포함하여 작성할 가능성이 높다. 우리가 평상시 고객의 고민사항에 대해 많은 지원을 해 왔다면, 경쟁사에 비해 월등히 높은 수준의 제안서를 작성할 수 있다.

고객은 상대적으로 평소에 많은 도움을 받은 공급사를 선호할 수밖에 없다. 공급사가 제출한 제안서를 아무리 꼼꼼히 검토한다 할지라도 짧은 시간에 많은 것을 정확히 검증하기란 결코 쉽지 않기 때문이다. 고객사는 1~2주라는 짧은 기간 동안 어떤 공급사를 선택할 것인가에 대한 많은 요인을 평가하게 된다. 재무 건전성, 기술 적합성, 제안 내용의 타당성, 수행 인력 등과 같은 다양하고 중요한 내용들이다. 그렇기 때문에 고객은 평소에 검증된 공급사를 선호하는 경향이 강하다. 고객으로부터 사전에 검증된 공급사가 되기 위해 영업담당자는 RFP를 받기 이전부터 다양한 지원을 해야 한다.

이처럼 사전에 다양한 지원작업이 이루어지면 본 제안서를 작성하는 단계에서 제안팀은 제안서 작성에만 집중하면 된다. 제안팀의 구성, 제안팀과 실행팀과의 내부 커뮤니케이션, 고객 지원 방안, 비용의 통제 등과 같은 이슈들은 수주의 성패에 상당한 영향을 미친다. 이와 같은 이슈들에 몰입하여 제안서를 작성할 수 있다는 것은 경쟁사보다 한발 앞서 출발선에 서 있는 것과 같다. 또한 영업담당자가 평소 지원활동을 통해 고객이 고민하고 중점을 두었던 사항들을 파악하고, 이를 제안팀과 공유하는 것이 제안의 승률을 높이는 지름길이라 할 수 있다.

계약 단계:
불확실성을 제거하고 대책을 마련하라

영업에서 흔히 하는 말이 있다. '도장 찍을 때까지는 끝난 것이 아니다.' 우선협상대상자로 선정이 된 이후 대개는 무사히 계약서에 날인하고, 악수를 하고, 실행에 대한 다짐을 한다. 하지만 꼭 그렇지 않을 수도 있다. 우선협상대상자로 선정된 이후 세부 계약조건이 맞지 않아 계약이 불발되는 경우도 발생한다.

필자가 영업을 하면서 겪은 일이다. 세부적인 계약조건까지 합의가 완료되었고, 계약서에 대한 법무팀의 검토까지 마무리된 상황이었다. 그동안 고생한 제안팀과 앞으로 고생할 실행팀의 주요 멤버들이 조촐한 회식을 하고 있었다. 내일 아침 도장을 찍기로 했으니 즐거운 시간을 보내고 있었다. 그때 고객사로부터 전화가 왔다. 왜 불길한 예감은 절대 빗나가지 않는 것일까? 경쟁사에서 고객사의 회장님을 통해 영업을 한 것이었다. 회장님 지시사항인즉, 다시 한 번 계약에 대해 검토해 보라는 것이었다. 다시 한 번 검토해 보라는 말은 계약자를 바꾸라는 말이 아닌가! 청천벽력이었다. 모두들 즐겁게 회식을 하고 있는데 이 사실을 알릴 수는 없었다. 사업담당 임원한테 급히 전화를 걸어 상황을 알렸고, 담당 임원이 회장님 지인한테 전화를 했다. 그리하여 30분 만에 상황은 다시 원래대로 돌아오게 되었다. 혹시나 하여 회장님과 평소 친분이 두터운 분에게 미리 양해를 구하고 도움을 요청 드려 놓았던 것이다. 영업현장은 그야말로 전쟁터임을 다시 한 번 뼈 저리게 느꼈고, 불과 30분 동안에 지옥과 천당을 오갔다.

이처럼 계약 단계에서는 불확실성을 제거하거나 사전에 대책을 마련해 놓아야 한다. 어느 한순간도 마음을 놓을 수 없다. 고객사는 조금 더 적은 비용으로 많은 일을 해주기를 바라고, 자사는 내부적으로 반대의 상황(적게 일하고 이윤은 많은 거래)을 영업에게 요구한다. 이 과정에서 영업은 협상력을 발휘해야 한다. 내부와 외부의 두 고객을 설득하고, 경쟁사를 방어해야 하며, 고객의 변심에 대한 준비를 철저히 해야 한다. '고객과 이렇게 하기로 했다'는 것은 '고객과 이렇게 했다'와 같은 말이 아니다. 신뢰가 없어서도, 무언가가 부족해서도 아니다. 상황이 그렇게 되기 때문이다.

때로는 경쟁자로 인해, 때로는 내부 전략의 변경에 따른 의사결정의 번복으로 인해 상황이 급변하게 된다. 계약시점에서 발생할 수 있는 이러한 이슈들이야말로 그동안의 노고를 헛되이 만드는 허무한 것들이다. 아주 오랜 시간 동안 많은 사람들이 준비해 온 모든 것이 사라지지 않도록 영업은 다른 사람들보다 샴페인을 늦게 터뜨려야 한다.

구축 단계:
신사업을 위한 이슈를 환영하라

영업을 수행하는 대부분의 영업담당자는 계약까지를 영업의 역할로 규정하는데, 결론부터 말하자면 결코 그렇지 않다. 구축 단계야말로 신규 프로젝트 수주를 위한 가장 좋은 기회를 찾을 수 있는 시점이다. 프로젝트가 시작되고, 구축이 진행되면 엄청난 이슈가 발생한다. [그림 2]에서 나열한 이슈는 중요하고 핵심적인 사항들을 나열한 것이다.

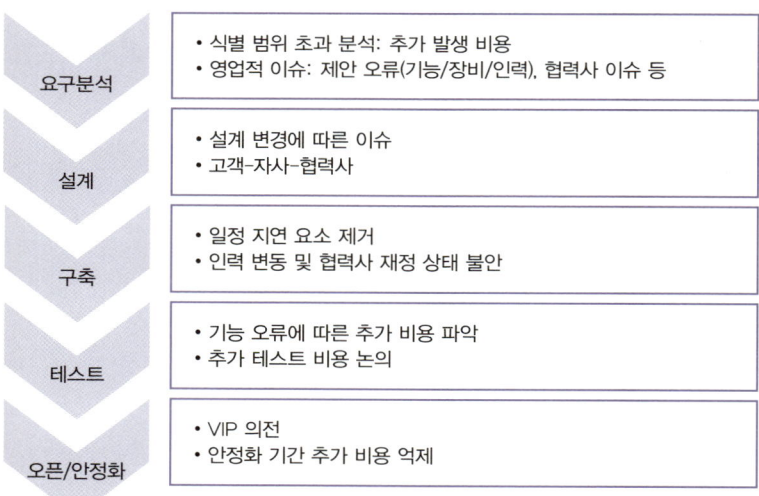

[그림 2] 구축 단계별 이슈*

---

* 구자원, 최용주, 전중원(2014). B2B 영업전략. 한나래출판사.

프로젝트를 진행해야 하는 프로젝트 매니저(PM; Project Manager)는 짧게는 1년, 길게는 5년 이상을 고객과 함께 호흡해야 한다. 다시 말해 고객과 좋은 관계를 유지해야 한다. 이때 발생하는 이슈에 대해 개입해야 하는 것이 영업의 역할이다. 비용과 관련된 문제, 인력과 관련된 문제, 그리고 업무 범위와 관련된 문제 등은 어떤 프로젝트에서든 발생한다.

이때 경험이 많고 노련한 영업은 이슈를 환영한다. 말 그대로 이슈는 곧 새로운 프로젝트임을 잘 알고 있기 때문이다. 이슈가 발생하면 본 프로젝트에서 해결해야 할지, 발생한 이슈들을 모아서 고도화 작업을 진행할지를 때로는 분석적으로, 때로는 감각적으로 분류한다. 상대적으로 경험이 부족한 영업은 고객에게 불만을 표시하고, 대립하게 된다. 이슈를 적절히 해결하지 못한 PM을 원망하고, 모든 것을 비용으로 생각한다. 하지만 고성과를 달성하는 영업은 다르다. 고객의 이슈에 대해 언제든 적극적으로 대응하면서 협상력을 발휘하여 새로운 사업을 만들어 낸다. 물론 하루아침에 이런 능력이 생기는 것은 아니다. 고객이 제안서에 포함되지 않은 추가 기능을 요구하는데 어떤 PM이, 어떤 영업이 흔쾌히 받아들이겠는가?

프로젝트의 중요도, 계약 금액, 프로젝트 일정, 경쟁사 요인, 내부 역량 등을 종합적으로 고려하고 판단해서 결정해야 한다. 그리고 모든 프로젝트마다 이러한 상황은 너무나 많은 가변적 변수를 지닌다. 동일한 패턴이나 동일한 방식을 적용해서 잘라버릴 수 없다는 것이다. 그래서 영업은 직관과 분석능력을 동시에 발휘해야 한다. 철저하게 분석하고, 명분을 준비해서 고객을 설득해야 한다. 이때 중요한 것은 고객을 진정으로 위해야 한다는 것이다. 이슈가 발생했으니 무조건 신규 프로젝트로 미루는 것은 바람직하지 않다. 때로는 고객이 주장하는 이슈가 프로젝트뿐만 아니라 고객 스스로에게도 결코 좋지 않은 주장일 경우가 있기 때문이다. 반드시 고객에게 유리한 방향으로 조언하고 고객을 리드해야 한다.

그러기 위해서는 이슈를 관리해야 한다. 개별 이슈에 너무 몰입하지 말고 발생하는 이슈를 차분히 분류하고 정리해야 한다. 그런 작업을 진행하면, 자연스럽게 단순히 처리해야 하는 이슈와 고도화를 통해 진행하지 않으면 본 프로젝트에 영향을 주는 이슈가 구분된다. 그런 연후에 고객에게 충분한 의도를 설명하고 협상을 해야 한다. 결과는 기대 이상이다. 이슈 발생 초기에 고객의 감정 상태는 상당히 고조되어 있기 마련이다. 감정을 차분히 가라앉히고 이성적으로 판단하는 시점에서 고객과 마주앉아야 한다. 이제 이슈는 새로운 업무가 되며, 새로운 프로젝트가 된다.

유지보수 단계:
문제 발생 초기에 고객 옆에 있어라

유지보수 단계에서 고객의 가장 큰 관심사항은 안정적인 서비스에 있다. 하지만 애석하게도 운영 중인 시스템이나 서비스에는 항상 문제가 발생한다. 장애가 발생했을 때 영업은 누구보다 먼저 고객에게 달려가야 한다. 문제를 대하는 적극성이 고객에게 신뢰를 높이기 때문이다. 기술지원을 담당하는 운영팀이 개입하는 것과는 또 다르다. 대부분의 영업이 장애가 발생했을 때 곧바로 달려가지 않기 때문이다. 또한 고객조차 운영 중인 시스템의 장애에 대해서는 영업을 먼저 떠올리지 않는다. 문제를 대하는 영업의 적극성은 고객에게 다른 의미를 갖게 한다. 고객은 문제가 발생했다는 사실보다 문제 해결에 도움을 받았다는 인식을 더 크게 느끼기 때문이다.

반대로 장애에 대한 문제가 곧바로 해결되지 않고 장기화되었을 경우를 생각해 보자. 고객은 장기화되는 문제에 대해 영업담당자를 호출한다. 이후 아무리 영업이 많은 지원을 통해 문제를 해결했다 하더라도 고객은 문제 해결에 도움을 받았다는 생각을 하지 않는다. 오히려 영업의 지원방식에 불만을 갖게 된다.

문제는 항상 발생할 수 있다. 하지만 문제가 발생했을 때 가장 먼저 영업이 고객의 옆을 지켜야 한다. 그 사실 하나만으로도 고객은 지원에 대한 불만보다는 문제 해결에 중점을 두고 업무를 진행한다.

지금까지 살펴본 영업 단계별 주요 이슈는 [표 2]와 같이 정리할
수 있다.

[표 2] 영업 단계별 주요 이슈

영업 단계	이슈	
	영업	고객
고객 발굴	발굴방법의 다양성 부재 발굴비용의 지원 영업담당자 유형별 접근	
접근	접근 타당성 평가 접근 경로 고객 욕구 파악 지원비용	신뢰성 검증 접근 경로
제안	제안 리스크 제안팀 구성 내부 커뮤니케이션 고객 지원 비용의 통제	공급사 선정 기준 사업 타당성 투자 비용 기술 검증
계약	사업 실행 가능성 검토 계약 타당성 검토 경쟁사의 영업 고객사의 변심	계약 조건
구축	이행 리스크 해결 지원	구축 인력 검증 내부 구축팀 구성 이행 리스크
유지보수	장애 대응 지원	장애 관리 유지보수 조건

고객에게 영업의 말 한마디는 큰 의미를 가진다. 영업의 말 한마디
는 곧 회사를 대표하는 것이기 때문이다. 이러한 이유로 고객은 영업

에게 많은 것을 요청하기도 하며, 많은 것을 기대하기도 하고, 또 많은 것을 의지하기도 한다. 그 과정에서 고객이 기대하지 않았던 이슈나 문제점이 발생할 수 있다. 고객과의 약속을 지키기 어려운 상황도 발생하고, 고객이 기대하는 수준을 맞추지 못할 때도 있다. 때로는 영업과 아무런 관련이 없는 이슈에 대해서도 해결책을 마련하고 지원해야 한다. 그럼에도 불구하고 영업은 이슈를 환영하고 반겨야 한다. 영업만이 해낼 수 있고, 영업만이 그렇게 하기 때문이다.

고성과를 내는 영업담당자에게 그 비결이 무엇인지를 물어보았다. 곰곰이 생각에 잠기더니 고객에게 들은 말을 나에게 들려주었다. "내가 진짜 어려운 부탁을 편하게 할 수 있는 사람이고, 그걸 들어주고 해결해 주는 사람이다."라는 것이다. 영업은 늘 이리 치이고 저리 치이면서 나 자신보다 고객을 먼저 생각한다. 그런데 고객은 이미 알고 있다. 그 고마움의 표현으로 또 다른 사업을 함께하자고 제안하고, 문제를 해결해 달라고 먼저 전화를 걸어오는 것이다. 이슈는 늘 힘겹고 머리가 아프다. 하지만 이슈가 포함하고 있는 의미를 스트레스에 두지 말고 성과에 두면 발생하는 이슈는 환영해야 할 대상이 된다.

대부분의 사람들은 문제가 되는 이슈를 그다지 반기지 않는다. 더구나 영업담당자들에게 이슈는 골치 아픈 문제로 다가온다. 이슈가 생기면 갑자기 바빠지고, 고객에게 불려가고, 싫은 소리를 들어야 한다. 이슈가 해결될 때까지 신경을 써야 하고 스트레스를 받는다. 그래서 이슈는 영업담당자들에게 그다지 반가운 것이 아니다.

하지만 이슈는 기회가 되기도 한다. 새로운 시각에서 새로운 해석을 통해 이슈를 바라보면 거기에는 많은 사업 기회가 존재한다. 고객과의 관계를 돈독히 할 수 있는 계기가 되기도 한다. 발생하는 이슈를 귀찮아하고 회피하면 이슈는 커다란 문제가 되어 돌아온다. 하지만 이슈를 반기고 적극적으로 해결하려 노력하면 그 과정에서 고객과 엄청난 신뢰가 형성됨을 잊지 말아야 한다.

사람은 좋지 않은 일이 생겼을 때 주변에 있던 사람들이 어떤 사람이었는지를 알 수 있게 된다. 힘들 때 진정으로 곁에 있어준 누군가는 평생 함께할 사람이 된다. 영업도 마찬가지다. 고객에게 이슈가 발생하고 문제가 생기면 옥석이 가려진다. 고객을 거래 대상으로만 여기고 대했던 영업담당자들은 고객이 힘들어지면 모두 떠나간다. 하지만 진심으로 고객을 대하고, 곁을 지켜준 영업담당자는 고객에게 발생한 문제를 함께 고민하는 지속적인 파트너가 된다. 기업은 흥망성쇠의 사이클이 있으며, 고객 또한 마찬가지다. 고객의 이슈를 적극적으로 포용할 수 있을 때 진정한 영업인이 될 수 있고, 성과도 함께할 것이다.

SALES INSIGHT

고객이 갈망하는 것을 선제안하라

마케팅 용어 중에 필요한 것(needs)과 원하는 것(wants)이 있다. 필요한 것은 지금 내가 사야 하는 무언가다. 예를 들어 노트북 컴퓨터를 사야 하는 경우 이때 노트북 컴퓨터는 필요한 것(needs)이다. 그런데 특정 고객이 노트북 컴퓨터 중에서도 특정 브랜드나 특정 사양(specification)을 꼭 가지고 싶다고 하면 이는 원하는 것(wants)이다. 그래서 마케팅에서는 고객이 가지고 있는 이러한 욕구를 충족시키는 가치를 찾고 이를 제공해야 한다고 설명하고 있다.

영업에서도 마찬가지일 것이다. 고객은 단순히 필요한 것을 넘어서 욕구가 생길 때 구매 결정을 한다. 이러한 타이밍을 만들어 내는 것이 영업의 역량일 수 있다. 또한, 고객이 특정 제품이나 서비스에 대해서 자신도 모르는 사이에 욕구를 갖게 된 경우, 이 시점을 잡아서 클로징(closing)하는 것이 중요하다. 이는 특히 B2C 영역에서 중요한 스킬이라 할 수 있다.

그렇다면 고객이 필요한 것과 원하는 것을 어떻게 구분할 수 있을까? 다행히 사람은 언어적 표현과 비언어적 표현을 함께 표출한다. 말을 하는 과정에서 감정에 대한 미묘한 차이를 드러낸다. 그러한 미묘한 차이는 곧 행동에서도 나타난다. 필요한 것을 구매할 때 고객은 그다지 망설이지 않는다. 그저 필요할 뿐이기 때문이다. 여기서 구매 행위가 발생하는 경우는 그 제품이 고객에게 있어 아주 중요한 것이 아니기 때문이다. 예를 들어 고객이 백 원짜리 볼펜 한 자루를 사는 경우 그저 필요한 것이기 때문에 별다른 망설임 없이 구매한다. 혹여 그 제품에 이상이 있다 하더라도 일부러 매장을 찾아 교환을 하려 하지 않을 것이다. 반면에, 고객이 펜을 필요로 하지만 기능성 펜을 원한다고 가정해 보자. 혹은, 디자인이 예쁜 볼펜을 원한다고 가정해 봐도 좋을 것이다. 이때는 종이에 자신이 원하는 굵기의 글씨가 잘 써지는지, 원하는 디자인인지를 꼼꼼히 살펴볼 것이다. 그리고 간혹 판매원에게 질문을 하기도 한다. 보통은 제품에서 찾을 수 없는 품질이나 다른 종류의 제품이 있는지에 관한 것이다. "여기 있는 게 다인가요?", "이거 고장나지는 않나요?"와 같은 질문이다. 아마도 물건을 구매할 때 한번쯤은 해봄직한 질문이다. 이때 고객은 은연중에 '나 이거 맘에 드는데 누군가에게 확인을 받고 싶다'는 생각을 하는 것이다. 이때가 바로 판매를 클로징할 타이밍이다.

자 이제 다른 경우를 생각해 보자. 펜이기는 하지만 한 자루에 수십만 원 하는 명품 펜을 생각해 보자. 이때는 상황이 달라진다. 펜을 사기 전에 100원짜리 볼펜을 사는 것보다 훨씬 많은 고민을 한다. 어느 브랜드가 좋은지, 가격대는 얼마나 하는지 등을 고민한다. 여러 매장에 들러서 물건을 살펴보고 비교해 본다.

100원짜리 볼펜(혹은 몇 천 원짜리 볼펜)과 수십만 원짜리 펜은 구매행동에 있어 확연한 차이를 보인다. 전자를 흔히 저관여 제품이라 하고, 후자를 고관여 제품이라고 한다. 상대적으로 고관여 제품일수록 고객의 필요보다는 갈망(wants)이 구매를 결정하는 데 있어 크게 작용한다. 고가의 가전제품, 자동차 등의 고관여 제품은 고객이 필요하다고 무조건 구매하지 않는다. 필요성을 느낀 시점부터 고객은 자신이 간절히 원하는, 혹은 '이거다!'라는 판단이 드는 제품을 발견할 때까지 탐색을 진행한다. 고객이 간절히 갖고자 하는 제품에 대해서 고객은 놀라운 구매 패턴을 보인다. 첫째, 가격이 그다지 크게 구매 결정에 영향을 미치지 않는다. 둘째, 제품이나 서비스에 대한 주변의 반응에 대해 민감해 하지 않는다. 셋째, 구매 후 해당 제품을 스스로 홍보한다. 이러한 특성 이외에도 고객이 간절히 원하는 제품은 고객으로 하여금 해당 제품을 구매해서 사용하고 있다는 것에 자부심마저 느끼는 경우가 많다.

선제안이라는 것은 B2B 영업에서 특히 유용하다. 고객이 처해 있는 문제에 대해 고객보다 한발 앞서 해결책을 제시하는 것이다. 더 나아가 고객이 어떤 문제 상황에 봉착할지를 예측하고 이를 제안하고 함께 해결책을 모색하는 것이다. B2C에서의 선제안은 고객보다 한발 앞선 갈망의 상태를 갖는 제품이나 서비스를 제공하는 것에서 시작한다. 이때 갈망은 제품이나 서비스의 출시 이후 발생한다. 하지만 B2B 영업에서는 선제안이 먼저다. 고객의 문제를 해결하거나 고객이 어떤 상황에 처해 있는지를 진단하여 제안한다. 이후 고객은 특정 문제에 대한 솔루션이 필요할 때마다 특정 공급사를 갈망하고 찾게 된다.

그렇다면 어떻게 선제안할 수 있으며, 어떻게 선제안을 하면 좋을까?

고객의 상황을 이해해야 한다

고객의 상황을 이해한다는 것은 다양한 측면에서 생각해 볼 수 있다.

첫째, 고객이 속해 있는 환경에 대한 이해가 필요하다. 현재 실행하고 있는 사업 영역에서 환경의 변화 속도는 어떠한지, 정부의 규제에 대한 영향력은 어떤지, 또 잠재적 경쟁자는 누구인지 등에 대한 이해가 필요하다. 고객은 사업을 수행하는 주체적 입장에서 외부의 환경 변화를 대하는 태도가 다소 둔감해질 수 있기 때문이다. 사람은 누구나 나는 괜찮을 것이고, 나는 예외일 것이라는 생각을 하기 마련이다. 사업에 있어서도 이와 같은 현상을 볼 수 있다. 나는 다른 기업과는 다른 접근 전략을 가지고 있기 때문에 환경의 변화에 대해 휩쓸릴 필요가 없다고 생각하는 경향이 있다. 이런 외부의 변화를 적시에 일깨워 주고 변화를 주도할 수 있도록 하는 선제안 전략이 필요하다.

둘째, 내부 조직의 이해관계에 대해서도 살펴야 한다. 영업을 진행하다 보면 흔히 겪는 일이 있다. 고객사 내부의 정치적 이슈에 의해 특정 프로젝트뿐만 아니라, 고객사와의 거래 자체가 정지되는 경우가 있다. 이때 고객사 내부의 이해관계에 관여하기보다는 조정자 역할을 해야 할 때가 있다. 일부 영업담당자들의 경우 거래를 성사시키는 데 급급하여 오히려 고객사 내부의 이해관계를 악용하는 사례가 종종 발생한다. 이해관계는 언제 어떻게 될지 알 수 없다. 힘을 갖는 주체 또한 항상 변하기 마련이다. 그때마다 철새처럼 이리저리 옮겨다니면 고객 또한 언젠가는 고객 본인에게도 똑같은 행동을 할 거라는 사실을 알게 된다. 이런 경우에는 오히려 고객사 내부의 이해관계에 대한 갈등 상황을 긍정적인 상황으로 전환할 수 있는 방안을 고민해야 한다. 영업을 진행하다 보면 어쩔 수 없이 고객사의 내부 갈등에 휘말릴 때가 많다. 이때 영업담당자는 선택을 해야 한다. 눈앞의 이익보다는 고객의 발전을 위한 조정자의 길을 선택해야 한다.

셋째, 제품이나 서비스에 대해 이해해야 한다. 국내 빅3 SI기업 중 하나인 SK C&C는 선제안방식을 통해 자사가 보유하고 있는 통신서비스 기술을 철저히 분석하였다. 그런 다음 이를 고객에게 제공하기 위한 제품으로 개발하는 작업을 진행하였다. 대표적인 솔루션이 모바일 빌링 시스템이다. LG CNS도 모바일 청구서 시스템을 에어차이나(중국 최대의 국영 항공사)에 선제안을 통해 수주하였다. 이외에도 LG CNS는 멕시코의 할리스코에 공공보안 컨설팅 사업을 선제안하여 3개월 동안 진행하는 컨설팅 사업에서만 23억 규모의 계약을 성사시켰다. 삼성 SDS 또한 그룹 계열사에 모바일 데스크 시스템을 선제안하였다. 이를 통해 삼성 SDS는 그간 그룹사 내에서 수동적인 사업 수주에 대한 자사 이미지를 개선하는 효과까지 얻었다.* 이러한 선제안이 가능했던 것은 자사 및 고객사의 제품이나 서비스에 대한 이해가 있었기 때문이다.

국내 빅3 SI업체들의 사례는 모두 2009년에서 2011년 사이에 진행된 것이다. 이는 선제안이 오랜 기간 동안 새로운 수주의 방식으로 활

---

* http://www.ddaily.co.kr/news/article.html?no=51160, http://www.lgcns.co.kr/LGCNS.GHP.Main/News/NewsDetail?SERIAL_NO=1241

용된다는 것을 의미한다. 뿐만 아니라 선제안을 통해서 축적한 역량
은 새로운 사업과 새로운 고객의 발굴에 크게 기여한다. 반대로 기존
역량을 바탕으로 새로운 고객에게 선제안을 통해서 새로운 수주를
이끌어낼 수도 있다.

고객이 요구하는 것보다
더 훌륭한 조건을 제시해야 한다

많은 영업담당자들이 선제안을 할 때 대체 무엇을 선제안해야 할지 아이디어가 없다고 어려움을 토로한다. 이는 선제안에 대한 오해에서 오는 것이다. 선제안을 하라고 하면 많은 영업담당자들은 기존에 없던 완전히 새로운 무언가를 제안해야 한다고 생각한다. 하지만 대부분의 선제안은 기존에 자사가 보유하고 있는 역량을 기초로 하는 경우가 많다. 또한 고객의 요구사항을 검토하고 고객이 요구한 사항보다 더 좋은 개선책이나 방향을 제안하는 것이 선제안이다.

예를 들어 보자. 고객이 기존에 보유하고 있는 시스템을 신규로 도입하고자 의뢰를 했다. 이때 공급사는 어떠한 선제안을 할 수 있을까? 만약 고객이 새로운 장비의 도입만을 생각하고 있다면, 기존 장비의 재활용 방안을 제안해 보는 것이다. 이를 통해 고객은 기존 장비의 활용도를 높임과 동시에, 비용을 절감할 수 있다. 다시 말해 선제안의 개념을 확장시킬 필요가 있다는 것이다. 고객보다 한발 앞서 제안을 진행하는 것을 포함해 고객이 먼저 요구한 사항을 더 발전시키는 제안 또한 선제안이라 할 수 있다.

선제안에 대한 경험이 부족하고, 고객의 상황을 철저히 분석하지 않은 상황에서 처음부터 무리하게 선제안을 하게 되면 부작용을 낳을 수 있다. 선제안을 통해 수주를 했다손 치더라도 추후 구축하는 과정에서 문제가 발생할 수 있다. 기술적인 한계, 사업에 대한 모델의 부적합성, 추가적인 비용의 발생 등을 예측하지 못하고 무조건 선제안을 하면 고객에게 엄청난 손실을 입히게 된다. 선제안은 분명 장기적인 관점에서 고객과 파트너가 된다는 점에서 매우 효과적인 제안방식이다. 하지만 선제안의 아이디어가 좋다는 이유로 공급사나 고객사 모두가 준비되지 않은 상태에서 실행하게 되면 낭패를 보게 된다. 충분한 경험과 실행역량을 토대로 하여 고객의 요구에 대한 보다 적합한 개선안을 제안하는 것에서 시작하는 것도 좋은 선제안의 방법이다.

아직 발생하지 않은 잠재적 문제점을
개선할 수 있는 방안을 제안하자

보험영업을 하는 경우를 생각해 보자. 해당 보험의 특성을 꼼꼼히 설명하기보다는 왜 보험을 들어야 하는지에 대한 욕구를 발굴하고 이를 고객에게 설명하는 것이 판매 가능성을 높인다. 이때 고객이 보험을 들지 않을 경우에 발생할 스 있는 잠재적 문제점을 식별하는 것이 도움이 된다. 잠재적 문제점을 통해 고객에게 불안감을 조성하라는 것이 아니다. 고객이 진심을 느낄 수 있도록 고객의 입장에서 잠재적 문제점을 제안해야 한다.

수주영업이나 제안영업에서의 잠재적 문제점을 식별하여 이를 선제안하는 활동은 매우 중요하다. 잠재적 문제점은 추후에 결국 고객사에 실질적인 문제로 발현될 가능성이 매우 크기 때문이다. 우선 당장 문제점이 없어 보이는 시스템도 운영을 하다 보면 발생할 수 있는 잠재적 문제점을 지니고 있다. 이러한 잠재적 문제점은 영업담당자 혼자서 발견하고 개선 방향을 스립하기는 매우 어렵다. 그래서 기업에서는 기술영업이라는 직군이 존재한다. 기술영업은 특화된 기술적 전문지식을 바탕으로 하기 때문에 고객사의 기술적 문제를 식별할 수 있는 역량이 있다. 하지만 이러한 역량도 충분하지는 않다. 고객사의 잠재적 문제점은 기술적인 측견뿐만이 아니라 관리적인 측면에도 존재하기 때문이다. 이러한 관리적 측면에서의 잠재적 문제점은 고객의 사업영업을 이해하는 것에서 출발해야 한다. 그러기 위해서는 기술 이외에도 다양한 경영학적 지식을 갖추어야 한다.

조금 더 확대해서 생각해보자. 고객사의 잠재적 문제점은 결과적으로 매우 다양하고 복잡하게 나타날 수 있다. 이러한 고객사의 잠재적 문제점을 올바르게 식별하기 위해서는 영업담당자뿐만 아니라 고객사의 현업 담당자, 컨설팅 역량을 갖춘 내부 조력자들과 협업을 해야 한다. 즉, 선제안이라 해서 반드시 영업담당자가 혼자서 모든 것을 생각하고 해결해야 한다고 생각해서는 안 된다. 고객사의 잠재적 문제점이 예상되면 현업 담당자를 포함한 이해관계 집단과 적극적인 협업을 통해 해결방안을 모색해야 한다.

경제적 이익도 함께 분석하고
제안해야 한다

선제안을 하는 과정에서 고객사가 얻게 될 경제적 이익을 수치화해서 제시해야 한다. 이는 어쩌면 공급사 입장에서도 필요한 과정일 것이다. 공급사가 선제안하는 제품이나 서비스에 대해 고객사 입장에서 철저한 분석이 선행되지 않는다면 결코 나올 수 없는 자료이기 때문이다. 무작정 '좋으니까, 앞으로 트렌드가 그러하니 해야 합니다.'라는 식의 제안은 고객사에게 식상하게 느껴진다.

경제적 이익 부분이 빠진 선제안을 받은 고객사의 담당자는 윗선에 보고할 수도 없다. 의사결정권자 대부분은 특정 제품이나 서비스에 대한 투자에 경제적 이익을 고려하지 않을 수 없다. 그렇기 때문에 선제안을 진행할 때는 반드시 경제적 지표를 함께 설명해야 한다. 이때 한 가지 유념해야 할 사항은 긍정적인 부분 이외에 부정적인 부분도 함께 고려해서 제시해야 한다는 것이다. 선제안이라고 해서 모든 제안이 성공적일 수는 없다. 때로는 제안이 실패할 경우의 손실 부분도 함께 분석해 보아야 한다. 아무리 좋은 제안이라 할지라도 현실적으로 경제적 이익을 가져다주지 못하거나 실행이 불가능할 경우는 무용지물이 되고 만다. 선제안의 실행을 통해 달성할 수 있는 경제적 성과의 분석이 반드시 필요하다.

필자는 C케이블 방송국의 프로젝트를 진행할 당시 짬짬이 고객사의 시스템 구성에 대한 아키텍처(system architecture)를 분석했다. 도입되어 있는 시스템들의 구성을 변경하는 것만으로도 연간 약 2억 원의 경제적 이익이 발생한다는 내용을 선제안했다. 사용하는 DB(database)를 통합하고, 고객관리–상담–설치–운영–과금에 대한 프로세스를 개선하는 내용이었다. 이러한 프로젝트를 수행하기 위해서 소요되는 인력·시간·비용 등을 산출하였고, 단계별 추진방안도 수립하였다. 투입되는 비용을 제외하고 연간 약 2억 원의 이익이 고객사에 발생하며, 업무의 효율이 높아지는 정성적인 성과까지를 포함한 100여 페이지 분량의 컨설팅 자료를 제출했다. 고객사 CIO는 이 내용을 대표이사에게 보고했고, 해당 내용을 실무진에서 세밀히 검토한 후 타당성이 입증되어 향후 5년간 진행되는 프로젝트를 수주하였다.

만약 필자가 이러한 준비과정 없이 고객사에 시스템 구성과 업무 프로세스를 개선해야 한다고 주장만 했다면 어떠했을까? 프로젝트로 진행되지 않았을 뿐더러, 프로젝트가 진행되었다 하더라도 수주할 가능성이 높지 않았을 것이다.

나의 이익보다
고객의 이익을 우선시한다

선제안이 받아들여지면 제안 당사자가 이행에 대한 1순위 계약자가
될 것이다. 하지만 때에 따라서는 다른 상황이 발생할 수도 있다. 예컨
대, 선제안에 포함된 특정 제품이나 서비스, 혹은 기술적 사항에 대해
그를 진행한 공급사가 직접 수행하지 못할 수도 있다. 만일 이런 상황
이 발생할 것이라는 사실을 선제안 이전에 알았다면 어떻게 대처할
것인가? 결코 답변이 쉽지 않을 것이다. 해당 선제안을 직접 수행할
수 있을 때까지 기다릴 것인가? 아니면 고객사의 선택에 맡기고 선제
안을 할 것인가? 고객사는 선제안 당사자가 아닌 다른 경쟁사의 영업
담당자를 컨택할 수도 있을 것이다.

고객사에서 제안을 하지 않을 경우 고객이 처해 있는 상황에서 향
후 문제의 소지는 잠재해 있다. 혹은 고객이 이익을 얻을 수 있는 기
회를 날려버릴 수도 있다. 영업담당자도 사람이므로 자신이 제안한
것을 직접 수행하지 못한다고 생각하면 해당 제안을 꺼내놓기가 쉽지
않을 것이다. 그렇다고 해당 제안을 하지 않아서 고객에게 문제가 발
생한다면 어떻게 될까? 고객이 존재하지 않는데 영업이 존재할 수 있
을까? 당연히 존재할 수 없다. 영업은 고객이 존재해야 의미가 있는 존
재이기 때문이다.

그렇다면 대답은 명확하다. 지금 당장 내가 하지 못하는 제안이라도 고객에게 오픈해야 한다. 그리고 제안한 내용에서 내가 참여할 수 있는 범위는 사실상 얼마든지 존재한다. 오히려 기술력이 없다면 해당 기술을 보유하고 있는 경쟁사라 할지라도 협업관계를 구축해야 한다. 그리고 고객사에게 선제안에 대한 관리 부분을 인정받으면 된다. 예를 들어 프로젝트의 총괄 관리와 운영 부분과 같은 것들이 될 수 있다. 이를 통해 기술력 또한 흡수할 수 있는 기회가 될 것이다. 어떤 고객사가 선제안을 해준 공급사를 매몰차게 내칠 수 있단 말인가? 만약 그러한 고객이 있다면 그 고객은 당신의 파트너가 될 자격이 없는 것이다.

훌륭한 선제안을 하기 위해서는 고객에 대한 깊이 있는 이해는 물론이고, 분석 역량 및 컨설팅 역량까지 갖추어야 한다. 그렇다고 이 모든 역량을 완벽하게 갖추고 나서 선제안을 하라는 것은 물론 아니다. 영업담당자는 선제안에 필요한 다양한 분야에 조언을 구하고, 이를 통합하는 역할을 수행해야 한다. 재무적 관점, 마케팅적 관점, 전략적 관점, 기술적 관점 등의 사항들을 자사의 내부 인력들과 협업하여 최종적인 선제안에 필요한 자료를 완성해야 한다. 영업담당자의 역할을 코디네이터라 해도 좋다. 새로운 선제안 아이디어를 현장에서 끊임없이 발굴하고, 이를 내부의 조력자들과 함께 구체화시켜야 한다. 그리하여 고객사 담당자가 윗선에 보고할 때 부족함이 없도록 아이디어와 내용을 충분히 공유해야 한다.

영업은 선제안을 통해서 고객과의 장기적인 관계는 물론, 영업성과까지 높일 수 있다. 그럼에도 불구하고 선제안을 잘 하지 않는 이유는 애석하게도 귀찮기 때문이다. 일을 찾아서, 만들어서 하는 영업담당자가 아니고서는 선제안을 하기 위한 절차가 너무 복잡하고 준비해야 할 것이 많기 때문이다. 그 귀찮음을 극복하지 못하면 선제안뿐만 아니라 영업에서도 큰 낭패를 보게 된다. 선제안을 몸에 밴 습관으로 만들기 위해서는 고객사의 당연한 현상들 속에서 개선해야 할 사항들을 평소에 자세히 들여다보고 메모하는 습관을 들여야 한다.

Digital 시대, Analog 영업은 유효한가?

디자인 건축 영업을 하는 A대리는 아침에 일어나자마자 스마트폰으로 오늘 회의 일정과 고객 미팅 일정을 꼼꼼히 살핀다. 고객을 만나기 전에 준비해야 할 사항들을 일정과 함께 메모해 둔다. 아침 조회 미팅 30분 전에 알람이 울린다. 사내 영업담당자들이 사용하는 스마트폰 전용 애플리케이션(application)이 회의시간을 통보해 준다. 회의 안건은 이미 스마트폰 안으로 들어와 있고, 지하철로 이동하면서 회의 안건에 대한 생각을 정리해 본다. 회의를 마치고 고객 미팅을 위해 필요한 사항들을 정리하여 관련 담당자를 선택하여 준비사항을 요청한다. 준비된 자료는 클라우드 시스템에 로딩되었고, 고객사를 방문하는 동안 자료를 재검토한다.

　고객과 미팅을 마친 후, 고객의 새로운 요청사항에 대한 내용을 중심으로 회의록을 작성해서 실시간으로 애플리케이션에 올린다. 관리자로부터 채팅 요청이 들어오고, 고객 요청에 대한 간단한 추가 확인사항을 논의한다. 협력업체의 도움이 필요한 사항들을 이동하면서 메신저로 협력업체 담당자에게 발송한다. 현장에서 퇴근해도 되는지 영업팀장에게 메신저로 간단히 허락을 구한다. 집으로 이동하는 동안 오늘 하루 발생한 이벤트 및 향후 처리해야 할 사항들을 스마트폰 일정에 메모와 함께 꼼꼼히 등록하고,

애플리케이션의 일일보고 입력란을 통해 하루 일과를 정리해서 업로드한 후 집에 도착한다.

영업을 위한 다양한 스마트폰 전용 애플리케이션이 고도로 발달하면서 가능해진 A대리의 일상 모습이다. 기능을 충분히 활용한다면 오프라인에서 꼭 만나지 않아도 영업을 진행할 수 있다. 특히, 글로벌 기업에서는 이러한 IT 기반의 영업관리 프로그램을 활용하여 전 세계의 영업담당자를 원격으로 관리하고 통제하는 것에 많은 비용을 들인다. 시차와 거리(시간과 공간)를 극복하기 위한 다양한 방법들과 기술을 영업에 활용하고 있다.

바야흐로 디지털 시대(digital era)다. 누구도 이의를 제기하지 않을 만큼 IT를 중심으로 한 디지털 기술은 우리의 일상을 깊게 지배하고 있다. 우리가 디지털 장비(digital devices)를 사용하는 것인지, 디지털 장비가 우리를 무기력하게 하고 있는 것인지 혼란스러울 만큼 우리는 디지털의 홍수 속에서 살고 있다. 스마트폰 하나를 잃어버리면 일정, 연락처, 사진, 동영상과 같은 일상의 기록들을 함께 분실한다. 그저 하나의 휴대용 장치가 아니다. 우리가 인식하지 못하는 사이 가장 가까이에서 가장 많이 의지하는 것이 되어버렸다.

영업현장에서 활용도가 매우 높은 디지털 기술을 활용한 영업방식이 한편에서는 불편하게 느끼기도 한다. IT를 기반으로 한 영업 프로세스에 상대적으로 적응 속도가 느린 집단이 있다. 이 집단은 애석하게도 대부분이 시니어(senior) 그룹에 속한다. 상대적으로 젊은 계층에서는 기술 수용에 대한 속도가 빠르다. 반면 기술 수용 속도를 충분히 따라가는 집단에서조차도 디지털 기반의 영업에 대해 반감을 갖는 경우가 있다. 사람 냄새가 나지 않는다는 이유에서다. 영업은 사람과 사람의 관계를 중심으로 이루어져야 한다는 입장이다.

A기업은 서울지역에만 50여 개에 이르는 판매대리점을 통해 영업활동을 하고 있다. 각 대리점에는 본사에서 파견하는 영업담당자가 한 명씩 지정되어 있다. 대리점의 사장들은 해당 분야에서 적어도 20년 이상의 경력을 자랑하는 사람들이다. 이에 반해 대리점 관리를 담당하는 영업담당자는 영업 경험이 많지 않은 20대 후반에서 30대 초반이다. 대리점 사장과 영업담당자는 누구보다도 긴밀한 관계를 유지해야 한다. 그럼에도 불구하고 관계 유지 부분에서 이 둘 사이에는 괴리가 존재한다. 영업담당자들은 본사의 지침이나 새로운 영업 방향에 대한 공지를 스마트폰을 이용해서 전송한다. 대리점 사장 입장에서는 그런 영업담당자들의 소통방식이 탐탁지 않다. 중요한 사항에 대해서는 얼굴을 마주하고 이야기 나누기를 원한다. 그

과정에서 서로의 고민을 공유하고 해결책을 찾아가길 바라는 것이다. 시간적으로 어려움이 있다면 최소한 전화로 이야기를 나누면서 물리적인 교감이 이루어져야 하는데, 매사의 공지를 스마트폰으로 하니 신뢰가 형성되지 않는다는 것이다.

영업은 촌각을 다투는 순간을 보내고 있다. 그러기에 스마트한 세상에서 스마트한 영업을 할 수 있다는 것이 얼마나 다행스러운 일인가. 전화로 주저리주저리 이야기하기보다는 단순 공지는 문자 메시지나 메신저를 이용하면 편리하다. 시간도 절약되고 에너지를 낭비하지 않아도 된다. 때로는 자신의 좋지 않은 감정을 그대로 드러낼 필요도, 애써 감출 필요도 없다. 하지만 분명히 단점 또한 존재한다. 텍스트에 담지 못하는 정보는 손실이 된다. 특히 영업은 신뢰와 관계가 바탕이 되어야 하기 때문에 언어적, 비언어적 교류가 무엇보다 중요하다. 결국 디지털과 아날로그를 균형 있게 활용하는 것이 중요하다고 말할 수 있다.

이제 디지털과 아날로그에 대한 관점을 다시 한 번 설정해 보고자 한다. 각각의 단어에서 오는 의미를 재해석해서 디지털 성향은 분석적이고 냉정한 이성적 관점으로 설정하였다. 이에 반해 아날로그 성향은 감성적이며 관계지향적인 성향으로 해석해서 각각의 성향의 강도에 따른 영업지향성을 살펴보고자 한다. 아날로그적 성향과 디지털적 성향을 극명하게 나누어 구분하기는 결코 쉽지 않다. 모든 사람이 공통적으로 두 가지 성향을 모두 지니고 있기 때문이다. 그럼에도 불구하고 필자는 디지털과 아날로그 성향을 구분하여 그 강도에 따른 영업지향성의 특징과 중점 영업활동에 대해 이야기하고자 한다.

[표 3] 디지털-아날로그 성향에 따른 영업지향성

구분		아날로그	
		강	약
디지털	강	목표지향	거래지향
	약	관계지향	단순판매지향

목표지향적 유형

디지털 성향과 아날로그 성향이 모두 강한 경우에는 목표지향적 유형에 속한다. 분석적 성향과 감성적 성향이 모두 강하기 때문에 목표에 기반을 둔 영업활동에 적합하다. 고객과 자신을 냉정하게 분석하여 문제에 대한 해결책을 제시한다. 뿐만 아니라 고객의 문제를 자신의 문제로 인식하여 진정성 있게 해결하고자 하는 따스함도 지니고 있다. 또한 목표를 달성해 가는 과정에서 발생하는 어려움을 장벽으로 인식하기보다는 기회로 인식한다.

이 성향은 오늘날의 영업에서 가장 바람직하게 요구되는 유형이라 할 수 있다. 고객과의 공감을 통해 관계를 형성하되, 업무에 있어서는 고객사의 문제를 새로운 시각에서 바라볼 수 있기 때문이다. 새로운 시각에서 바라본 고객사의 현상을 새로운 영업의 목표로 설정한다. 그 목표가 자신의 영리나 이익을 위한 것이 아니라, 고객의 성공과 경제적 이익을 위해서도 의미를 가질 수 있도록 설정한다. 이러한 목표에 대해 고객과 충분히 공유하고 협업한다. 그저 고객사의 제품이나 서비스를 제공해주는 공급사의 입장이 아닌, 파트너가 되기 위해 노력하는 경우라 할 수 있다. 반드시 복잡하고 어려운 통계적인 분석이 아니더라도 새로운 시각에서 고객사의 업무방식을 진단할 수 있다.

D그룹사는 중장비를 생산, 판매하는 글로벌 기업이다. 필자는 어

느 날 생산기술연구소 연구원들과 교육과정에서 마주 앉았다. 생산기술연구소의 화두는 단연코 생산성 향상에 있었다. 이런저런 이야기가 오고가던 중에, 생산성은 결과적으로 판매에 영향을 주어야 의미가 있다는 주제가 나왔다. 필자는 기존 제품의 생산방식에서 제품의 생산주기를 알 수 있는지를 물었다. 신제품이 출시되면 대부분 신제품 출시 효과가 있어 제품의 판매가 증가한다. D그룹사의 중장비 또한 기술집약적 제품이기 때문에 그러한 효과가 있었다. 특정 신제품이 출시되고 단종되는 시점까지 제품의 판매는 정점을 찍고 하향곡선을 그리는 종모양(bell curve)을 나타냈다. 그러면 정점을 찍고 하향곡선을 그리기 시작할 무렵에 신제품을 출시하게 되면 새로운 매출을 발생시킬 수 있다. 그런데 간단히 분석해 보니 특정 제품은 단종이 된 이후에야 개발이 되거나, 신제품 개발에 대한 시점이 들쑥날쑥이었다. 즉, 제품개발에 대한 포트폴리오가 명확하지 않았다. 10분 내외의 시간을 활용해 간단히 제품개발 주기를 살펴보고 얻은 결론이다.

필자는 이러한 신제품 개발관리 프로세스를 정비하는 것이 왜 중요한지를 담당자들과 공유하였다. 해당 사항은 담당자들이 놓치고 있던 부분이기 때문에 회사에 보고할 경우 자칫 불이익을 당할 수도 있다는 우려가 있었다. 담당자들의 이러한 심리를 고려하여 해당 사항은 우리가 교육과정에서 토론하는 중에 도출된 것으로 보고하였다. 이후 회사는 신제품 개발 프로세스를 보다 효율적으로 개선하고 관리하기 위한 팀을 구성했다. 신제품 개발 주기를 조정함으로써 판매에 직접적으로 공헌할 수 있는 대안을 찾은 것이다.

위의 사례에서는 디지털 성향을 통한 분석과 아날로그 성향을 통한 담당자들에 대한 배려가 동시에 이루어졌다. 만약 어느 한쪽이라도 불균형을 이루었다면 문제가 될 수도 있었다. 디지털 성향이 부족했다면 분석에 대한 중요성을 인식하지 못했을 것이고, 아날로그 성향이 부족했다면 담당자들 스스로가 받을 수 있는 불이익을 우려하여 보고하지 않았을 수도 있다. 이처럼 디지털 성향과 아날로그 성향을 모두 갖춘 경우에는 특정 이슈로 인해 목표가 매몰되지 않는다. 다시 말해 행동과 의사결정에 있어 목표지향성을 가진다.

관계지향적 유형

디지털 성향보다 아날로그 성향이 강한 경우에는 관계지향적 영업 유형에 속한다. 전통적으로 B2C 영업에서는 관계 구축을 통한 영업을 진행해 왔다. 물론 B2B 영업에서도 관계지향적 영업은 매우 중요하다. 고객과의 오랜 관계는 믿음을 형성하고, 상호간에 신뢰를 갖게 하는 중요한 영업역량임에는 틀림없다. 더불어 영업을 바라보는 일반적인 시각 또한 영업을 하는 사람은 인맥이 넓거나 활동적이라고 생각한다. 그만큼 영업에서 고객과의 지속적인 관계는 높은 영업성과를 달성하는 데 있어 필수적이다.

다만 관계를 너무 한 방향으로 해석하지 않도록 주의해야 한다. 영업에서의 관계는 친분을 일컫는 말이 아니다. 사람과의 관계에서 소위 말해 코드가 잘 맞는 사람이 있다. 특별한 계기가 주어지지 않았음에도 불구하고 편안함을 느끼거나 대화가 잘 통하는 사람이 있다. 하지만 영업에서 관계를 형성하는 데는 먼저 업무를 기본으로 해야 한다. 아무리 친분이 두텁다 해도, 영업담당자로 인해 업무에 차질이 빚어지게 되면 고객은 순식간에 마음을 돌린다. 일상생활에서도 이러한 상황을 간혹 겪을 것이다. 자주 가는 식당, 카페, 미용실, 세차장 등을 떠올려 보자. 단골손님이기 때문에 특별한 서비스를 받는 경우도 있지만 그 반대의 경우도 있다. 예를 들어 손님이 많을 경우 친분이 두텁다는 이유로 세차 순서를 다음 손님 먼저 하면 안 되겠는지 양해를 구하는 경우가 있다. 친분 때문에 거절하기 어렵지만 이런 일이 몇 번 계속되면 고객은 불쾌감을 느끼고 발길을 끊게 된다.

이동통신 가입자와 인터넷 가입자의 유치경쟁이 치열하다 보니 신규고객을 유치하기 위해 기존 고객보다 다른 통신사나 서비스 가입자에게 더 많은 혜택을 제공하는 경우가 있다. 오랜 기간 서비스를 사용해 온 가입자는 오히려 찬밥신세가 되고 마는데, 그 사실을 깨닫는 순간 상대적인 박탈감과 배신감에 다시는 해당 통신사나 인터넷 서비스 업체를 이용하고 싶지 않을 것이다. 최근에는 충성고객의 중요성이 워낙 높기 때문에 기존 사용자에 대한 관리가 한층 좋아졌다.

영업은 고객과의 관계가 형성되고 신뢰가 구축되는 순간부터 오히려 긴장해야 한다. 다시 말해 잘해주고 편안하다고 하여 긴장을 늦추면 절대로 안 된다. 신뢰가 쉽게 깨지지는 않겠지만, 신뢰에 금이 가기 시작하면 신뢰의 크기만큼 배신감 또한 크기 때문이다. 그렇기 때문에 관계를 중심으로 영업활동을 하는 경우에는 고객이 느끼는 드러나지 않는 감정을 더욱 잘 살펴야 한다. 신뢰가 있기 때문에 고객 또한 서운한 일이 있어도 몇 번은 서운함을 겉으로 드러내지 않기 때문이다.

관계지향적 영업에서 주의해야 할 또 다른 상황은 너무 관계지향적인 성향만을 강조한 나머지 고객이 영업담당자를 편향적으로 인식한다는 점이다. 실제로 K영업담당자는 G고객과의 관계에서 너무 관계지향적인 성향만을 강조하면서 접근했다. G고객 또한 성격이 호탕하고 사람을 좋아하는 성격이라 두 사람은 금방 친해졌다. 그런데 어느 날부터인가 G고객은 K영업담당자를 업무로 찾는 것이 아니라 같이 놓기 위해 찾는 것이었다. 이처럼 고객 또한 영업담당자의 접근 유형에 대해 판단한다. 이런 이유로 영업의 관계는 업무에 기반을 두어야 한다. 단순히 고객과의 친분을 통해 쉽게 영업을 할 수 있을 것이라는 생각을 버려야 한다. 진정한 관계 형성의 정의는 고객과 진심으로 공감하고, 고객을 이해하고자 하는 노력임을 잊지 말아야 한다.

거래지향적 유형

디지털 성향이 강하고, 아날로그 성향이 약한 경우는 거래지향적 유형에 속한다. 거래지향적 유형의 강점은 업무를 중심으로 성과를 지향하는 특성을 꼽을 수 있다. 반면에 성과를 강조한 나머지 인간적인 측면에서의 관계나 정성적인 공감이 부족하다는 약점이 있다.

리더십 분야에서는 거래적 리더십(transactional leadership)이라는 개념으로 변혁적 리더십(transformational leadership)과 함께 리더와 부하의 관계에서 리더십 유형을 설명하는 개념이라 할 수 있다. 거래적 리더십이 강한 리더는 부하직원에게 효율적인 방법을 통해 효과적인 성과를 내도록 독려한다. 그리고 성과를 달성했을 경우의 보상과 책임에 대한 명확한 가이드라인을 제시한다. 부하직원은 상사의 지시에 순응하여 성과를 달성할 수 있도록 하는 방식을 취하게 된다. 따라서 거래적 리더십의 핵심에는 성과가 있다고 볼 수 있다. 성과를 달성하는 과정에서 감성이나 관계보다는 시스템이나 프로세스, 혹은 보상을 우선시한다는 측면에서 영업에서의 거래지향적 성향과 동일한 맥락으로 이해할 수 있다.

거래지향적이라는 단어에서 풍겨오는 이미지는 인간미가 결여되고 성과에만 몰입하는 것으로 오해하기 쉽다. 하지만 영업의 특수성과 상황을 감안한다면 영업에서 결코 소홀히 여길 수 없는 유형이라 할 수 있다. 고객사와의 관계 형성 과정에서도 거래지향적 접근은 큰 의미를 가질 수 있다. 고객사와의 초기 만남에서는 관계에 대한 신뢰가 깊지 않기 때문에 관계영업보다는 업무를 중심으로 한 접근이 의미가 있다. 또한 고객사가 처한 상황이 새로운 성장동력을 찾거나 특정 문제에 대한 해결책을 찾는 경우라면 더욱이 거래지향적인 접근이 유용하다. 냉정한 분석과 성과에 대한 철저한 평가 및 보상을 기반으로 고객에게 믿음을 주어야 한다.

다만 너무 거래적인 측면만을 강조한 나머지 고객으로 하여금 돈만 밝히는 대상으로 인식되지 않도록 주의해야 한다. 업무를 진행하는 과정에서는 거래적인 방식으로 분석하고, 평가하고, 실행해야 하지만, 결과물이나 제안을 고객에게 전달하는 과정에서는 거래적으로 비춰지지 않도록 의미 있는 명분을 함께 제시해야 한다. 다시 말해, 내부적으로는 거래적으로 준비하되, 고객과의 소통에 있어서는 아날로그적인 접근을 함께 병행해야 한다.

필자가 함께 영업을 했던 S영업담당자는 거래지향적인 성향이 너무 강한 나머지 고객과의 만남에서도 효율성을 무척이나 강조했다. 고객과 회의를 하는 경우에도 사전에 고객에게 반드시 회의에 대한 안건을 먼저 알려줄 것을 요청하였다. 또한, 특별한 이슈가 있지 않고서는 좀처럼 고객사를 방문하지 않았다. 고객사의 담당자가 이러한 성향일 경우에는 서로 이해를 바탕으로 효율적으로 업무를 처리할 수 있었다. 하지만 관계를 중요시 여기는 고객의 경우 S영업담당자는 고객을 영업 대상으로만 대한다는 불만을 토로했다. S영업자는 본인이 거래지향적 접근을 중요시하기 때문에 자신을 중심에 두고 고객을 대하고 있었다.

이러한 태도는 영업담당자가 어떠한 영업 유형으로 접근하느냐를 떠나서 잘못된 것이다. 이러한 실수를 하는 것은 자신이 어떠한 영업 유형을 갖고 있는지, 고객이 어떤 성향을 지니고 있는지를 파악하지 못하는 데서 비롯된다. 즉, 자신의 영업 유형과 고객의 성향을 사전에 파악하고(혹은 고객과의 만남을 진행하는 과정에서 파악하고) 고객을 중심으로 본인의 접근방식을 달리해야 한다. 혹은 본인이 영업담당자로서 부적합하다고 판단이 되면 빨리 다른 영업담당자로 교체될 수 있도록 조치를 취해야 한다. 그럼에도 불구하고 대부분의 영업담당자는 자신이 초기에 접촉한 고객을 절대 놓지 않으려는 경향이 강하다. 조금 더 넓은 관점에서 볼 때 결코 바람직하지 않은 접근이다.

단순판매지향적 유형

디지털 성향과 아날로그 성향이 모두 약한 경우에는 단순판매방식에 집중하게 된다. 애석하게도 이런 성향은 영업을 하기에는 부적합하다. 다행히 자신의 영업적인 역량보다는 기업의 브랜드나 마케팅 역량을 통해 제품이나 서비스가 월등히 좋은 경우에는 판매가 가능하다. 하지만, 아무리 좋은 제품이나 서비스라 할지라도 언젠가는 판매가 저조할 수 있다. 경쟁자가 나타날 수도 있으며, 고객의 선호도가 바뀔 수도 있다. 때에 따라서는 기술의 변화에 따라 더 이상 효용가치가 떨어질 수도 있다. 기술의 변화에 따라 특정 제품이나 서비스가 판매되지 않는 상황은 영업도 어쩔 수 없다. 하지만 경쟁자의 제품이나 서비스가 자사의 것과 비슷한 수준에 도달했을 때는 비로소 영업력이 판매에 막대한 영향을 미친다. 이때는 자신의 영업역량에 따라 영업의 판도가 극명하게 드러난다.

나의 영업력에 의해 판매가 이루어지고 있는지를 수시로 점검해 보아야 한다. 기업의 브랜드 명성이나 제품 및 서비스의 명성에 의해 판매가 잘되는 것은 아닌지 살펴보아야 한다. 특히 자신이 속한 기업이 대기업이고 제품이나 서비스가 업계에서 명성이 높을 경우에는 혼란에 빠지기 쉽다.

필자와 함께 대기업에서 영업을 하던 사람들 중에 영업실적이 괜찮은 사람들이 있었다. 자신이 영업활동을 해서 회사에 기여하는 것도 물론 좋겠지만 자신만의 사업을 해보고 싶어 했다. 마음속 깊은 곳에는 돈에 대한 욕심이 많았다. 내가 땀 흘려 일했는데 내 돈이 아니라 회사에 이익만 가져다주는 것이 못내 아쉬웠던 것이다. 결국 이들 중 몇몇은 퇴사를 하고 사업을 시작했다. 그런데 대기업에서 영업활동을 할 때와는 완전히 다른 환경이 펼쳐졌다. 우선 대우가 달랐다. 대기업에서 영업담당자는 고객사와 대등하거나 조언자의 역할로 받아들여졌다. 하지만, 이제는 을(乙)도 아닌 병(丙)의 위치가 되어버린 것이다. 대기업에 있을 때 접촉한 동일한 고객사를 방문해도 고객의 반응은 냉랭하기만 했다. 안타깝게도 이들은 1년을 버티지 못하고 사업을 정리해야만 했다.

물론 영업과 사업을 하는 것에는 많은 차이가 있다. 그 차이를 인식하지 못하고 사업을 시작한다는 것 자체가 매우 위험하다. 기존의 영업은 자신의 역량뿐만 아니라 그 역량을 돋보이게 하는 기업이라는 브랜드 이미지가 매우 크게 작용하였다. 이러한 사실을 간과한 채 자신의 영업력이 매우 뛰어난 것으로 오인하는 경우가 매우 많다.

다시 원래의 주제로 돌아와서 생각해보자. 디지털 성향도 아날로그 성향도 갖추지 못한 영업담당자는 이처럼 자신이 속해 있는 기업의 다양한 활동을 빼고서 냉정하게 스스로를 평가해 볼 필요가 있다. 단순판매활동은 어느 정도 성과가 날 수 있다. 하지만 스스로가 새로운 고객을 개척하고 새로운 사업을 발굴하여 제안하는 등의 활동을 통해서 달성한 성과인지를 확인해야 한다. 그렇지 않다면 이는 디지털 성향도 아날로그 성향도 갖추지 못한 상태일 가능성이 높다. 영업활동에 대한 깊이 있는 고민을 통해서 자신만의 강점을 추가적으로 발굴해야 한다. 그렇지 않으면 단순판매활동의 성과가 더 이상 나지 않는 시점이 도래할 때 낭패를 보게 된다.

지금까지 다룬 디지털 성향과 아날로그 성향에 관한 내용은 영업활동을 하는 담당자가 한 번쯤 자신의 영업 유형을 살펴보는 도구(tool)로 활용되기를 기대한다. 또한, 고객의 성향을 파악하고 의미 있는 접근을 할 수 있는 방법을 찾는 데도 도움이 될 것이다. 다만 디지털 성향이든 아날로그 성향이든 한쪽으로 너무 치우쳐 고객에게 선입견이 생기지 않도록 균형을 갖는 것이 중요하다. 또한 영업의 성향을 떠나서 영업과 디지털 기술의 접목은 이제 필연적인 현상이라 할수 있다. 적극적으로 영업을 지원할 수 있는 바람직한 기술을 수용하는 자세가 필요하다.

더불어 고객과 열린 마음으로 소통할 수 있는 사람 냄새 나는 관계의 형성이 더해져야 하겠다. 디지털 시대, 복잡하고 어지러워 보이는 영업의 현장 속에서 어쩌면 아날로그 감성은 영업담당자와 고객 모두에게 필요한 쉼표가 될 것이다. 둘은 경쟁의 관계가 아니라 상호보완의 관계이다. 아날로그를 더욱 멋지게 표현하는 디지털 기술이 필요하고, 딱딱한 디지털이 구현한 영상을 보면서 눈물지을 수 있는 아날로그 콘텐츠가 필요하다. 아무리 좋은 영업지원 시스템이 개발되고 적용되어도 아날로그 감성은 영업과 고객을 이어주는 강력한 힘이 될 것이다.

의외로 많은 고객들이 아날로그 시절의 영업에 대한 향수를 가지고 있다. 영업과 함께 만나고 부대끼고 정을 느낄 수 있는 시간들을 그리워한다.

요즘은 SNS가 발달하고 서로의 소식을 전할 다양한 스마트폰 앱(application)이 등장했다. 그렇다고 영업에서 고객과의 면대면 접촉이 필요없어진 것은 아니다. 오히려 고객과의 면대면 접촉을 늘리면서 그 관계를 강화하는 것이 필요하지 않을까.

고객을 대하는 과정에서 자신의 성향을 알고 고객의 성향을 알면 훨씬 밀접한 관계를 형성할 수 있다. 영업담당자 스스로가 디지털적 요소에 가까운 사람인지, 아날로그 성향이 강한지를 판단해보자. 또한 고객은 어떤 부분을 선호하는지를 분석해 보는 것도 의미가 있을 것이다. 고객과의 관계가 너무 경직되지 않도록 디지털 시대에 아날로그 방식을 접목해 보는 것은 어떨까? 아직도 많은 고객들이 영업담당자의 방문을 기다리고 있다. 목소리를 들려주고, 얼굴을 보여줄 것을 권한다. 딱딱한 텍스트에 생명력을 불어넣는 것이야말로 영업의 또 다른 매력이 아닐까 생각한다.

SALES
INSIGHT

새로운 방식으로
접근하라

PART

3

영업이
가장 먼저
바뀌어야 한다

어느 날 뉴스에서 고속도로를 역주행하는 차가 있다는 다급한 속보가 전해졌다. 집에서 TV를 시청하던 한 주부가 마침 출장길에 오른 남편이 생각나서 전화를 했다.

"여보, 지금 뉴스에서 황당한 속보가 나오네~"
"어? 무슨 소식인데?"
"어, 어떤 정신 나간 사람이 글쎄 고속도로에서 역주행을 하고 있다는데!"
"아, 그래? 내가 지금 그 고속도로 운전해서 가고 있는데 역주행하는 차량이 한 대가 아닌데?"

역주행의 주인공이 바로 그 주부의 남편이었고, 남편은 자신이 역주행을 하는 게 아니라 고속도로 위의 다른 모든 사람들이 역주행을 하고 있다고 굳게(?) 믿고 있었다.

고속도로 역주행 사고가 실제로 종종 발생하기도 하지만, 위의 상황은 가상의 이야기다. 그런데 그냥 재미있는 이야기로 한 번 웃고 넘길 수도 있는 이 상황이 현실에서는 심각한 결과를 초래한다. 자신을 중심으로 당당하게 세상을 살아가는 것은 참으로 멋진 일이다. 그런데 그 멋진 일이 주위의 상황과 너무 큰 차이나 괴리가 있을 때는 문제가 된다. 특히 기업에 속해 있는 조직의 구성원으로서는 더욱 그러하다. 예를 들어 회사에서 원활한 영업보고를 위해 인터넷을 기반으로 한 영업보고 체계를 구축했다고 가정해보자. 모든 영업담당자들이 이 시스템을 통해 영업보고서를 실시간 공유하도록 했다. 그런데 특정 영업담당자는 자신은 절대 인터넷을 사용하지 않겠다고 버틴다면 어떻게 될까? 혼자서 역주행하는 것과 다르지 않다. 나는 나만의 보고방식으로 영업에 대한 상황을 공유하겠어! 라고 스스로 당당하게 선언한다면 말이다.

자신을 중심으로 멋지게 사는 것은 변화의 흐름을 긍정적인 방향으로 해석하고 이해하는 것에서 출발한다. 자신이 속해 있는 조직, 커뮤니티에서 자신과 타인을 불편하게 하지 않으면서 자신만의 멋진 모습을 만들어 가는 것이 중요하다. 다시 말해 새로운 변화를 주도하든지, 뚜렷하게 필요한 변화에 적응하든지 해야 한다. 머물러 있는 것을 자신만의 영역을 지키는 것이라고 착각해서는 안 된다. 변화하고 발전하면서 자신의 방식과 자신만의 강점을 유지해야 한다.

안타깝게도 최근 이렇게 자신만의 둘레에 갇혀 역주행을 서슴지 않는 사례가 있다.

첫 번째 사례는 어느 대기업의 영업교육 현장에서 필자가 직접 겪은 일이다. 인사팀 교육담당자에게서 영업교육을 해달라는 전화를 받았다. 그런데 영업팀 내부에서 영업교육에 대해 상당히 부정적이라는 것이다. 교육을 진행하기 이전에 몇몇 영업담당자를 만나서 인터뷰를 진행했다. 사전 교육 니즈를 파악하는 것이 첫 번째 목적이었다. 아울러 왜 영업교육에 대해 부정적인지를 알아보고 싶었다. 그런데 그 가장 큰 이유는, 많게는 20년 이상을 영업현장에서 잔뼈가 굵어서 영업에 있어서는 자신들이 베테랑인데, 누군가로부터 영업에 대한 교육을 받는다는 것이 일단 자존심이 상한다는 것이었다. 자신들이 영업에 대해서는 타인을 가르치면 몰라도 무슨 영업교육을 받느냐는 인식이 강하게 자리 잡고 있었다. 또 다른 이유는 그동안의 영업교육이 실무 현장과 너무 동떨어진 내용이었다는 것이다. 현업에 바로 적용할 수 있는 영업교육이 아닌 바에야 그 시간에 고객을 한 명 더 만나는 것이 의미 있다는 주장이었다. 영업교육을 대하는 태도에 문제가 있다고 생각했던 인사팀 담당자의 생각과는 다소 차이가 있었다. 결국 영업교육에 대한 부정적인 시각은 영업교육을 진행하는 강사와 영업담당자들 간의 소통의 문제에서 비롯된 것임을 알 수 있었다.

올바른 안내 표지판이 없는 상황에서 영업담당자들은 길을 잃고 역주행을 할 수 있다는 교훈을 얻었다. 또한 새로운 도로가 아주 멋지게 만들어졌음에도 불구하고, 자신이 다니던 익숙한 길만을 고집스럽게 달려가는 오류도 발견할 수 있었다. 문제는 두 길 모두 혼자서만 달려서는 안 된다는 데 있다. 영업은 고객이 있는 곳에 의미가 있다. 고객이 찾지 않는 길을 혼자서만 열심히 달리고 있으면 아무런 성과가 나지 않는다.

또 다른 사례는 필자가 지인과 영업교육에 대한 이야기를 나누는 과정에서 들은 것이다. H기업의 인사담당 부장은 주로 아시아 지역을 돌며 자사의 영업담당자들을 대상으로 영업교육을 진행한다. 글로벌 기업이니만큼 영업에 대한 구체적이고 실질적인 프로세스와 방법론을 기반으로 체계적인 교육을 진행한다. 이미 자사에 최적화되어 구성된 영업교육 프로그램이었다. 그런데 매번 영업교육을 진행하면서 느끼는 것은 영업환경도 바뀌었고, 고객도 바뀌었는데 영업인은 바뀌려 하지 않는다는 것이다. 새로운 방식에 대한 거부감과 저항감이 가장 큰 요인으로 나타났다.

영업교육을 진행하다 보면 새로운 프로세스를 진지한 태도로 대하는 영업담당자와 그렇지 않은 영업담당자가 항상 있기 마련이다. 기존의 방식대로 영업을 잘 해왔는데 굳이 새로운 영업 프로세스를 습득할 필요성이 없다는 것이다. 틀린 말은 아니다. 전기밥솥이 없어도 밥은 지을 수 있고, 전자레인지나 가스레인지가 없어도 국을 끓일 수 있다. 오히려 전통의 방식이 때로는 향수를 느끼게 한다. 수요는 있지만 그 수요가 충분한 성과를 창출할 수 없는 것이 문제다. 실제로 영업교육에서 다루어진 프로세스를 따르는 영업담당자의 성과가 그렇지 않은 경우보다 좋게 나타났다고 한다. 탁월한 영업역량이나 스킬이 없어도 영업 프로세스를 그대로 따라하면 평균은 한다는 것이다. 교육에 적극적으로 임하지 않는 영업담당자들은 스스로가 변화하려 하지 않으면서 교육의 방향이 잘못되었다고 불평을 한다.

무조건 대세를 따르라는 말이 아니다. 수많은 전문가와 고객을 통해 검증된 영업 프로세스를 배우라는 것이다. 경험을 통해 습득한 영업의 비법을 버리지 말고 새로운 영업의 패러다임을 이해하고 접목하라는 것이다. 기술부서는 새로운 기술을 습득하여 기존의 기술을 더욱 발전시켰다. 마케팅 부서는 IT 기술이 제공하는 새로운 고객의 접점을 자신들의 마케팅에 빠르게 활용한다. 물류와 유통에서는 빅데이터(Big Data)와 IoT(Internet of Things), RFID(Radio Frequency Identification) 시스템과 같은 실시간 데이터를 기반으로 한 기술을 활용하여 효율성을 높이고 있다. 그런데도 영업은 아직도 새로운 영업방식에 대해 거부감을 느끼고 있다. 고객의 문제를 사전에 파악하고, 컨설팅 기반의 영업을 해야 하고, 전략적인 접근을 통해 체계적이고 분석적인 영업을 해야 한다고 교육을 하지만 영업은 고객을 분석하는 방법을 배우려 하지 않고, 경쟁환경을 분석하는 방법을 깊이 있게 숙지하지 못하고 있다. 데이터를 다루는 데 겁을 내고 있으며, 다른 기능 부서와의 협업에 불편함을 느낀다. 고객을 의전하고, 고객을 떠받들며, 고객과

의 인간적인 관계가 신뢰를 형성하는 유일한 방법인 것처럼 행동한다. 고객
은 이제 단순히 친밀하다는 이유만으로 더 이상 구매 결정을 하지 않는다.
아니 그런 방식으로 구매 결정을 할 수 없도록 제도화되어 있다. 구매 결정
에 참여하는 고객사의 조직구조가 날로 복잡해지고 있다. 그런데도 영업은
키맨(keyman)을 찾아 헤매고 있다. 고객사를 분석하고 고객사가 반드시 필
요로 하는 가치 있는 제안을 한다면 고객사는 오히려 키맨을 영업담당자
와 연결시켜 주는데도 말이다.

왜 유달리 영업은 바뀌려 하지 않는 것일까? 영업현장에 있는 담당자와
영업교육을 진행하면서 수집한 내용을 토대로 다음과 같은 몇 가지 이유
들을 도출해 보았다.

기존 방식으로 큰 성과를 낸 경험이 있을수록 변화에 둔감하다

성과나 성공은 참으로 대단한 힘을 가진다. 어느 한 분야에서 계속해서 실패만 하던 사람도 작은 성공 경험 하나가 엄청난 동기부여가 된다. 반면에 기존의 성공방정식이 발목을 잡는 경우도 있다. 여기에는 개인의 경우는 물론이고, 한 기업을 이끄는 CEO까지 포함된다. 기존의 성공방정식은 당시의 상황과 그에 필요한 지식을 기반으로 한다. 그리고 중요한 자질 하나가 바로 그 성공방정식을 만들고 풀어가는 주체가 되는 역량이다. 여기서 이슈는 성공방정식을 만드는 것에 있다. "내가 그 힘든 시기에도 이러이러한 방법으로 난관을 극복하고 성공을 거둔 사람이야!"로 시작하는 성공방정식이다.

영업현장에서 흔히 볼 수 있는 성공방정식 중 하나는 관계영업이다. 어려운 문제에 봉착했을 때 인맥을 동원해서 해결했던 방정식이다. 친분을 이용해 몇 번 어려운 문제를 해결하고 나면 금방 중독이 되고 만다. 윤리적으로나 법적으로 문제가 되는 이슈들도 동일한 방법으로 접근을 하게 되고, 그러다가 정말로 돌이킬 수 없는 지경에 이르게 된다. 관계영업 자체가 비정상적인 방법은 아니다. 다만 그 관계 이면에는 두터운 신뢰와 판매하는 제품이나 서비스에 대한 품질이 뒷받침되어야 하고, 또한 윤리적으로나 법률적으로 아무런 문제가 없어야 한다. 그런 다음에야 관계영업은 진정한 성과를 이룰 수 있는 것이다. 그런 관계를 통해 형성된 영업 네트워크는 구전효과로까지 발전할 수 있다.

그런데 이런 과거의 성공 경험이 작동하지 않을 때가 있다. 즉 기존의 방식이 받아들여지지 않을 때다. 고객들의 관점이 변화했고, 기업의 외부 환경이 변화했고, 경쟁의 구도가 변화했기 때문이다. 그런데도 과거의 성공 경험을 그대로 적용하려고 한다. 그리고 새로운 변화를 감지하지 못하고, 그대로 무너져 내린다. 과거의 성공 경험은 반드시 수정하고 변형해서 적용해야 한다. 기존에 잘 작동되던 방정식으로 지금의 문제가 풀리지 않는다면, 반드시 투입하는 변수를 살펴보아야 한다. 방정식 자체를 수정해야 할 수도 있고, 방정식에 투입되는 대상 변인을 바꾸어야 할 수도 있다.

중소기업을 운영하는 A대표는 자사의 제품에 큰 자부심을 갖고 있다. 직접 고객을 발굴하고 해외 바이어도 만나고 다니는 등, 활발한 영업력을 바탕으로 큰 성과를 거두었다. 몇 년간 시장에서 경쟁자가 없을 만큼 큰 성공을 거두어 가던 즈음, 매출이 주춤하기 시작했다. 중국에서 동일한 제품을 수입해서 판매하는 형태의 경쟁자가 출현한 것이다. 이 경쟁사는 중국 제품으로 가격경쟁력과 영업력을 이용해 시장을 잠식해 나가는 전략을 폈다. A대표는 자신이 일구어 놓은 시장인데다, 경쟁사는 제품에 대한 기술력이 전무하다고 판단하고, 그에 대응하지 않았다. 영업 인력을 충원하지도 않았고, 가격면에서도 높은 가격을 그대로 유지했다. A대표는 오히려 경쟁사가 시장질서를 혼탁하게 한다고 비난하며 단순히 제품을 저렴한 가격에 들여와 한국에 판매하는 것은 마진장사나 다름없다고 일축했다. 우리 제품은 워낙 인지도가 높고, 품질이 좋으니 고객들이 절대 경쟁사 제품을 선택할 리 없다고 판단했다. 그리고 CEO인 본인이 직접 영업을 하기 때문에 크게 문제될 것이 없다고 생각했다. 하지만 고객들의 반응은 A대표의 예측과 다르게 나타났다. 중국의 저가제품이 품질도 무난하고 가격경쟁력도 있기 때문에 고객은 오히려 경쟁사의 제품을 선호했다.

이 사례에서 A대표는 자사의 제품품질과 영업방식에 대한 자신감으로 인해 영업에서 가장 중요한 고객의 입장과 새로운 경쟁구도에 대한 변화를 놓친 것이다. 오랜 기간 영업현장에서 많은 경험을 갖고 있는 영업담당자들도 흔히 빠지기 쉬운 오류이다. 품질에 자신이 있고, 나를 믿어주는 고객이 있기 때문에 나는 괜찮을 것이라는 생각이 새로운 변화에 대해 적극적인 대응을 못하게 한다.

경험이 많을수록
자신만의 틀에 갇히게 된다

영업회의에서 종종 듣는 말이 있다. "내가 영업현장에서 얼마나 오래 있었는데, 그렇게 하면 안돼!", "그 고객은 접대만 잘하면 돼, 내가 알아!"

영업에서 경험이 갖는 힘은 대단하다. 경험이 많을수록 자신이 확보한 고객층이 매우 두텁기 때문이다. 또 경험이 많다는 것은 현장의 상황을 정확히 알고 있다는 것이다. 고객 또한 자신들과 함께 일을 해본 경험이 있는 영업담당자를 신뢰한다. 이러한 경험은 일상적인 영업환경 내에서는 성과에 많은 기여를 한다. 의심의 여지가 없다. 다만, 변화가 필요한 시점에는 오히려 독이 된다는 것이다. 특히 제품이나 시장이 성숙기를 넘어 쇠퇴기로 접어드는 시기에서 풍부한 경험은 오히려 자신의 틀을 지키려는 경직성을 야기시킨다. 다음 두 가지 사례를 보자.

사례 1. 시장환경의 변화

B기업은 건설부품 제조산업분야를 거의 독점하고 있었다. 판매대리점 사장들은 밀려드는 주문을 처리하기만 하면 되었다. 본사의 영업

담당자들의 일과는 담당하고 있는 대리점을 방문해서 그저 독려의 말을 하고 형식적인 인사치레를 하는 것이 전부였다. 영업이라기보다는 영업관리였으며, 관계 형성이 주된 업무였다. 철마다 대리점과 함께 단합을 위한 행사를 하고, 골프모임을 가졌다. 경쟁이 없으니 판매에 대한 고민이나 영업력 향상에 대한 필요성도 느끼지 못했다.

그렇게 영원할 것만 같던 독점시장에 경쟁자가 생겨나기 시작했다. 국내 건설기업들이 속속 건설부품산업에 뛰어들었고, 중국의 저가 공세가 시작되었다. 시장은 이미 완전 경쟁시대로 접어들고 있었다. 이런 상황을 주지하지 못한 B기업의 영업담당자들은 여전히 대리점 사장들을 압박해서 매출만 올리면 된다는 생각에 사로잡혀 있었고, 대리점 사장들 또한 여전히 갑의 마인드로 고객들을 대하고 있었다. 그동안 본사의 영업담당자들은 대리점만 잘 관리하면 문제가 없었기 때문에 영업역량이 현저하게 떨어져 있었다.

상황이 이렇다 보니 직접 신규고객을 발굴하는 데는 엄두도 내지 못했다. 또한 고객과 어떻게 대화를 해야 하고, 협상은 어떻게 해야 하는지, 클로징이 무엇인지조차 알지 못했다. 대리점 사장들 또한 상황이 이와 별반 다르지 않았다. 내가 이 제품만 몇 십 년 취급했는데, 내 구역에서는 내가 최고라는 생각으로 가득했다. 고객들이 구해달라고 하는 제품을 여전히 본사의 일정에 맞추어 판매하는 등 갑의 입장을 여전히 고수하고 있었다.

본사나 대리점 모두 체계적인 영업 프로세스가 부재했으며, 영업에 대한 마인드 또한 형편없었다. 그저 자주 만나서 골프나 치고 접대만 잘하면 자사 제품을 구매할 수밖에 없을 것이라는 생각이 지배적이었다. 오랜 시간 동안 이어져 온 독점적인 지위에서 터득한 경험이 오히려 독이 되어 돌아온 것이다.

사례 2. 방문판매시장의 변화

국내에서 방문판매를 통해서 판매되는 제품은 매우 다양하다. 화장품, 학습지, 비데, 보험 등이 대표적인 상품이다. 각 업종마다, 기업마다 방문판매를 담당하는 사람들의 명칭 또한 다양하다. ○○ 선생님, 카운슬러, 매니저, ○○ 컨설턴트와 같은 명칭들로 자사의 브랜드 판매에 긍정적인 용어를 사용한다. 이러한 방문판매 인력은 그 현장에서 가장 중요한 위치를 차지한다. 방문판매 인력의 규모는 매출과 직결되기 때문이다. 이에 따라 대리점이나 본사에서는 방문판매 인원을 모집하고, 육성하고, 관리하는 활동에 많은 노력과 비용을 들인다.

그런데 이러한 인원을 모집하는 활동이 업종에 따라서는 쉽지 않은 것이 현실이다. 화장품 방문판매만 하더라도 판매원의 연령이 고령화되어 있다. 방문판매를 통해 화장품을 구매하는 고객의 연령도 일반 채널 판매에 비해 높다. 고객과의 소통을 위해서 일부러 높은 연령을 모집하는 경우도 있지만, 속내를 들여다보면 꼭 그렇지만도 않다. 또 판매원을 모집했다 하더라도 초기 이탈률이 상당히 높다. 본사나 대리점은 방문판매원들을 모집하기 위해 해외여행을 보내주거나 사은품, 샘플 등을 제공하는 등의 인센티브 기반의 모집방법을 택한다. 물론 기존의 이런 모집방식이 잘못되었다는 것은 아니다. 다만, 방문판매원 모집에 대한 본질적인 이슈를 해결하기 위해 노력하기보다는 보상을 통해 판매원을 모집하고 있기 때문이다.

전에 방문판매를 전문으로 하는 조직에서 교육을 한 적이 있다.

그때 인센티브를 통한 판매원의 모집방법 이외에 다른 방법을 적어보게 했다. 그런데 대부분의 영업담당자들이 대리점 사장들에게 제시할 판매원 모집방법을 적어내지 못했다. 기존의 틀에 단단히 얽매여 있다 보니 새로운 모집방법을 주문하는 순간 머리가 굳어버린 것이다. 그렇다면 왜 방문판매원을 모집하기가 힘든 것일까? 왜 여성들이 적극적으로 참여하지 않는 것일까? 질문에 대한 근본적인 문제는 따로 있었다. 방문판매원이라는 직업은 여성들에게 여전히 직업에 대한 매력과 경제적 수익이라는 측면에서 결정하기가 쉽지 않은 것이다. 교육시간에 이 두 가지 문제에 대한 이슈를 제기하고 나자, 여기저기서 스스로를 반성하는 모습들을 보였다.

구체적인 아이디어를 통해 바로 시행할 수 있는 모집방법을 구상하는 데는 시간이 걸릴 수 있다. 다만, 기존의 틀에서 벗어나 새로운 접근을 해야 한다는 공감을 얻어냈다는 것만으로도 큰 의미가 있는 시간이었다.

위의 사례에서 볼 수 있듯이, 때론 기존의 경험이 새로운 환경의 변화나 새로운 방식의 도전에 저해요소로 작용할 수 있다. 경험은 오랜 시간에 걸쳐 형성된다. 그렇기 때문에 경험은 개인이나 조직의 문제해결에 결정적인 역할을 한다. 축적된 경험은 특정 분야에서 경쟁자가 따를 수 없는 중요한 요소이다. 이렇게 가치 있는 경험이 스스로의 발목을 잡지 않도록 하기 위해서는 경험이 갖는 경직성(rigidity)을 경계해야 한다. 경직성은 개인이나 조직이 갖는 아주 탁월한 시스템이 그대로 고착화되는 현상이다. 하나의 훌륭한 경험이 개인이나 조직 전체의 대부분을 차지하면서 새로운 방식의 도입이나 도전을 하지 못하게 만든다. 안타깝게도 이러한 탁월한 경험은 모든 것에서 효능을 발휘하지 못한다. 특히 기존에 존재하는 탁월한 경험이 더 이상 작동 되지 않을 때는 스스로의 경험을 진단하고 새로운 방식을 결합할 준 비를 해야 한다. 경험은 지속적으로 새로운 시도가 결합되면서 그 빛 을 잃지 않게 된다는 사실을 잊지 말아야 한다.

단기적 성과에 치우치면
새로움을 받아들일 수 없다

검색엔진을 사용해서 '단기 성과'라는 단어를 검색해 보면 엄청난 관련 정보가 화면을 가득 메운다. 내용을 요약해 보면 이렇다.

- 단기 실적 중심의 경영은 기업에 해로운 영향을 미친다.
- 단기 실적도 중요하지만 장기적 관점에서 전략을 수립하고 지속 가능한 발전을 해야 한다.
- R&D와 같은 특정 분야에서는 단기 실적 중심의 전략을 수립하면 안 된다.
- 기업은 단기 성과보다 미래를 준비해야 한다.

　그럼에도 불구하고, 영업에서 단기 실적은 매우 중요한 지표임에 틀림없다. 1년 단위 혹은 경우에 따라 주 단위, 월 단위, 분기 단위의 실적을 지속적으로 평가 받는다. 평가는 정확하다. 매출액이다. 여기서는 단기 성과 중심의 제도에 대한 불합리성을 다루려는 것이 아니다. 더군다나 실적을 올리는 데 단기적 성과주의가 효과가 있다는 것은 더욱 아니다. 단기 성과에 몰입하다 보면 지금 당장의 판매에 중점을 두어야 한다. 이 말은 판매를 함에 있어 지금 내가 가지고 있는 영업 스킬을 활용(exploitation)한다는 것이다. 하루가 지나고, 이틀이 지나고, 그렇게 1년이 지나도 새로운 영업 스킬이나 방향을 점검해 보지 못한다. 너무 심한 주장이라고 반박할 수도 있다. 하지만 영업현장에서 하루하루를 지내본 영업담당자라면 누구나 공감할 수 있을 것이다. 앞에서 영업인만 타 직군에 비해서 변화하지 않으려 한다고 언급했다. 하지만 반대의 경우도 존재한다. 새로운 방법과 새로운 변화를 수용하고, 새롭게 영업전략을 수립하고자 해도 정말로 그럴 시간이 없다. 아니 자투리 시간은 있을 수 있으나, 미래에 대한 투자나 중장기 계획을 마련할 블록타임(block time)이 없다.

시간이 없다는 것은 핑계일 수 있다. 하지만 조직의 평가가 단기 성과를 중심으로 하기 때문에 장기적 관점에서 무언가를 이야기할 수 있는 토양이 마련되어 있지 않다. 이는 어쩌면 시간보다는 제도의 문제라고 할 수 있다. 연초 사업계획이나 개인의 목표 합의를 진행하는 과정에서 영업관리자는 단 한 번도 장기적 관점에서의 영업목표에 대해 이야기하지 않는다. 영업은 숫자로 이야기하면 그만이다. 그래서 연단위의 매출목표를 잡고, 연단위의 신규고객 개척 건수를 수립한다. 그 목표를 향해 상황판이 그려진다. 영업담당자들 이름이 가로축으로 놓이고, 누가 높이 스티커를 붙이는지에 대한 경쟁이 시작된다.

이런 문화 속에서 영업이 새로운 영업역량이나 방식을 적극 수용하기는 힘들다. 새로운 방식은 항상 위험요인이 있기 때문이다. 새로운 방식이 효과를 거두기 위해서는 어느 정도 적응 기간이 필요하다. 그 기간 동안 실적은 악화될 수밖에 없다. 당연히 경쟁에서 밀려나고, 보상이 줄어들게 된다. 영업담당자 개인으로서는 생계가 달린 문제이므로 감당하기 힘든 일이다. 단기적 성과에만 치우치게 되면, 당장의 성과는 올라간다. 당연한 말이다. 단기적 성과는 기존에 습득한 영업 역량의 크기, 경험, 확보한 고객 수와 비례하지만 한계에 다다르면 더 이상 성과는 오르지 않는다. 아무리 노력해도 그 벽을 넘을 수 없게 된다. 이제 더 큰 문제가 발생한다. 새로운 방식으로 새로운 가치를 제공하는 경쟁자가 등장한다. 기존의 방법으로는 도저히 고객을 유지할 수 없는 상태가 되어 버린다. 그때서야 무언가 이상하다는 느낌이 온다. 새로운 환경이 도래했고, 새로운 변화가 시작되었다. 무언가를 해야 하지만 아이디어가 떠오를 리 만무하다.

지금까지 살펴본 세 가지 상황은 양날의 칼이라고 할 수 있다. 성공 경험은 새로운 도전을 가능케도 할 수 있지만, 반대로 기존의 성공 방식을 모든 일에 적용하려는 습관을 낳을 수도 있다. 현업에서 얻은 풍부한 경험은 오랜 기간 동안 쌓인 것이기에 경쟁자에 비해 탁월한 우위를 갖게 한다. 반면에 내가 모든 걸 경험해 보았기 때문에 다른 건 의미가 없다는 식의 공식을 만들어 낼 위험이 존재한다. 단기적 성과에 집중하는 방식은 틀림없이 빠르게 정량적인 숫자를 늘리게 한다. 하지만 그만큼 스트레스가 크고 많은 에너지를 소비하고 방전되게 할 수도 있다.

기존의 영업방식이 무조건 나쁘다는 것은 아니다. 새로운 환경의 변화 중에서도 빠르게 적응해야 할 것이 있고, 반대로 기존의 것을 꿋꿋하게 유지해야 할 것도 있다. 지금까지 다룬 환경의 변화야말로 반드시 빠르게 적응해야 할 대세적 차원의 것이라 말할 수 있다. 결과적으로는 고객의 선택을 받는 것이 정확한 평가다. 새로운 환경에 적응하기 위해 변화를 수용한 것이 자칫 고객에게 외면당해서도 안 되며,

기존의 방식에서 헤어나지 못해 새로운 고객의 변화에 대한 욕구를 충족시키지 못해서도 안 된다. 균형의 차원이 아닌 선택의 차원이라 할 수 있다. 기존 방식과 새로운 방식을 적절히 섞는 것이 아니다. 기존의 방식에 새로운 방식을 결합하면 그것은 새로운 것이 된다. 완전히 새로운 방식을 택할 것이냐, 아니면 기존 방식을 개선하여 점진적 변화를 추구할 것이냐에 대한 선택이다. 다시 강조하지만 변하려 하지 않으면 생존할 수 없다.

영업은 현장에서 고객들과 함께 호흡하고 고객들과 함께 동행해야 하는 직업이다. 고객과 너무 거리가 멀어져서는 안 된다. 고객보다 너무 빨리 가서도 안 되고, 너무 느리게 가서도 안 된다. 적당한 거리를 두고 고객을 리드해야 한다. 고객보다 너무 빨리 가 버리면 고객은 너무 앞선 제품이나 서비스 트렌드에 대한 거부감을 갖게 된다. 그렇다고 너무 느리게 가면 고객의 외면을 받게 된다. 고객보다 조금 더 빠른 속도로 가는 것은 문제가 되지 않는다. 고객이 그 길을 따라 다가오게 하면 된다. 하지만 고객의 뒤를 따라가게 되면 아무런 성과도 없이 고객을 놓치게 된다. 애석하게도 많은 영업담당자들이 고객의 속도를 따라가지 못하고 있다. 고객의 교육 수준이 높아졌고, IT 활용 수준이 높아졌다.

과거의 영업은 고객보다 많은 정보와 훌륭한 언변으로 고객을 설득하고, 고객의 마음을 얻었다. 하지만 오늘날의 영업은 그렇지가 않다. 고객이 영업담당자들보다 더 많은 정보를 갖고 있으며, 오히려 SNS 등을 통해 더 다양한 경쟁제품들까지 파악하고 있다. 영업담당자들이 보지 않는 인터넷의 구석구석을 살펴보고, 기존 사용자의 후기를 읽는다. 이미 고객들은 영업담당자들보다 더 풍부한 기술적 지식을 흡수하고 있다.

그런데도 영업은 변하려 하지 않고 있다. 더 이상 기존의 영업방식에 자신을 가둬서는 안 된다. 그 이유는 분명하다. 고객이 앞서가고 있기 때문이다. 고객의 뒤가 아니라 고객의 앞에서 걸어라. 그러기 위해서는 영업이 가장 먼저 바뀌어야 한다.

SALES INSIGHT

고객의 수준에 맞추어 접근하라

오늘날의 스마트폰이 이동전화 서비스 초기와 동일하게 지니고 있는 속성이 있다. 바로 이동성을 바탕으로 한 양방향 통신기능이다. 1997년 필자는 국내 최초의 PCS(Personal Communication Service) 시스템 서비스 개발업무를 시작하였다. 국내에서 이동전화 서비스가 본격화되는 시점이었다. 그 당시 국내에서는 누구나 이 시스템에 대한 이해와 기술력이 부족한 상황이었다. 황금알을 낳는 사업으로 불릴 만큼 온 나라가 들썩였다. 그도 그럴 것이 이동전화 시장은 무궁무진했고, 아직 태동 단계에 있었기 때문이다.

사업권을 받은 회사들의 시스템 구축 경쟁은 치열했다. 회사들 모두 구축경험이 없었기 때문에 기술력은 현저히 떨어졌으나, 사업을 위한 기술에 대한 수용의지는 대단히 높았다. 하루라도 먼저 서비스를 시작하는 기업이 시장에서 유리한 고지를 점령할 수 있었다. 이처럼 초기에 진입하는 산업(혹은 제품이나 서비스)에서 구매자의 기술적 수준이나 이해도가 낮고, 수용의지가 높은 경우에 고객은 교육을 통한 기술 이전이 가능한 공급사를 선호한다.

고객의 상황에 따라 고객이 원하는 공급사의 조건은 달라진다. 그렇기 때문에 공급사는 단순히 자사의 제품이나 서비스의 판매를 중심으로 영업전략을 수립해서는 안 된다. 고객의 입장을 충분히 분석하여 접근방식을 선택해야 한다. 구매자가 어떤 상태에 있는지를 우선적으로 파악한 이후에 1차적으로 교육을 시킬 것인지, 컨설팅을 할 것인지, 혹은 동기부여를 통해 도입하고자 하는 제품이나 서비스의 중요성을 부각시킬 것인지를 결정하는 것이 중요하다. [표 4]는 고객의 상황에 따른 영업의 접근전략을 제시하고 있다.

[표 4] 고객 상황별 접근전략

수용의지		높음	교육	고도화
		낮음	동기부여	컨설팅
			낮음	높음
			수준(이해도)	

　　수용의지가 상대적으로 높은 경우에는 공급자 입장에서 영업의 접근성은 그렇지 않은 경우보다 좋다고 할 수 있다. 교육과 고도화를 중심으로 특정 제품이나 서비스의 이해 수준을 끌어올리는 접근방식을 취할 수 있다.

반면에, 수용의지가 상대적으로 낮은 경우에는 공급사가 고객사의 인식을 바꾸는 작업까지 함께 병행하면서 접근해야 하기 때문에 수용의지가 높은 경우보다 영업실적을 올리기가 쉽지 않다. 다만, 수용의지가 낮은 조직의 수용의지를 높이고 사업 진입에 성공한 이후에는 공급사에 갖는 신뢰도가 매우 높아지는 장점도 존재한다. 이때는 동기부여나 컨설팅을 중심으로 구매자의 인식 전환에 많은 노력을 기울여야 한다.

　각각의 접근방식은 고정적이지 않다. 수용의지가 높고, 이해 수준이 다소 떨어지는 경우에도 교육과 컨설팅을 병행해서 진행할 수 있다. 어느 부분에 보다 더 중점을 두어야 하는지에 대한 차이가 있을 뿐이다. 고도화를 하는 경우에도 수용의지가 다소 약하다고 판단되면 동기부여에 대한 적절한 방법을 모색하고 제시해야 한다.

교육을 통해 고객의 수준을 높여라

교육은 제품이나 서비스에 대한 이해도가 낮고, 수용에 대한 의지가 높은 경우에 효과적이다. 또한 교육은 제품이나 서비스에 대한 단편적인 지식의 제공을 포함해 기술에 대한 노하우를 현장에서 흡수할 수 있도록 하는 일련의 과정을 담아야 한다.

교육을 진행하는 과정에서 중요한 것이 있다. 바로 교육을 통해 거래관계를 넘어선 전략적 협업관계가 되어야 한다는 것이다. 더 나아가 조언자 역할을 할 수 있는 기반을 마련해야 한다. 교육 초기 공급자는 단순한 기술 이전의 상태에 머물 수도 있다. 시간이 흐르면서 고객은 공급자에게 많은 것을 묻고 의지하게 된다. 만약 이때 거래관계로만 접근하게 되면 그 이상의 협업관계를 형성하지 못한다. 거래관계는 계약을 진행하는 과정에서 강조해야 한다. 그 이전이든 그 이후이든 교육을 진행하는 과정에서는 고객의 수준을 끌어올리는 것에 집중해야 한다. 고객의 수준이 높아지면서 자사의 노하우가 유출될까 겁내는 경우가 있다. 때로는 고객이 일정 수준 이상이 되면 고객 스스로가 문제해결 능력을 갖게 되고, 결국 자신들을 떠날 것을 염려한다. 이런 염려가 고객에게 깊이 있는 교육을 할 수 없게 만들기도 한다.

그런데 생각해 보면 누군가는 그렇게 할 것이고, 현재의 기술은 늘 과거의 기술이 된다. 그렇다면 더욱이 고객의 수준을 향상시키기 위해 노력해야 한다. 고객이 경쟁사가 되는 순간까지 수준을 끌어올리고, 공급사는 스스로의 혁신을 통해 함께 발전해야 한다. 누군가를 교육시킨다는 것은 자신의 현상을 체계적으로 정리하는 과정이 있은 후에 가능하며, 그 이후에는 오히려 자신이 더 발전하게 된다. 타인을 1시간 가르치기 위해서는 10시간을 준비해야 한다. 교육을 통한 노하우의 전수는 어찌 보면 기술의 유출이나 고객의 이탈현상을 촉진하는 것이 아니라 자신의 경쟁력을 키우는 것과 같다.

교육을 통해 이루어지는 공감대는 영업현장에서조차 쉽게 구축할 수 없는 공동체 의식을 형성한다. 갑을관계를 떠나 하나의 팀이 되고 파트너가 될 수 있는 기반이 된다. 그러기에 고객과 나눌 수 있는 것은 그 범위를 한정하지 말아야 한다.

컨설팅을 통해 돌파구를 제시하라

고객의 수준은 높으나 특정 상황에 대한 수용의지가 약할 경우에는 컨설팅을 통해 새로운 돌파구를 제시하는 것이 필요하다. 수용의지가 낮은 경우는 다음과 같이 몇 가지로 나누어 생각해 볼 수 있다.

첫째, 필요성 측면이다. 조직 내에서 특정 기능을 수행하는 데 필요한 제품이나 서비스가 존재하여 필요성에 대한 절박함에 이르지 못한 것이다. 이러한 경우에 고객사의 절박함을 컨설팅을 통해서 일깨워줘야 한다. 시장환경의 변화, 경쟁사의 대응, 자사의 향후 성장동력 등과 같은 주요 요인을 중심으로 객관적인 분석자료를 통해 필요성의 불씨를 살려야 한다.

둘째, 경직성 측면이다. 기존 방식이 지금까지 잘 작동했기 때문에 그 크기만큼의 거부감이 존재한다. 결국 무엇이 필요한지를 모르게 되는 경우이다. 고객 또한 무언가 새로운 방식으로 미래를 준비해야 한다는 사실을 알고는 있지만 어떤 방향으로 어떻게 진행해야 할지를 모르는 상황이다. 오랫동안 잘 구축된 시스템하에서 별 탈 없이 꾸준한 성장을 이룬 경우에 외부의 변화에 대한 민감성이 떨어진 상태라 할 수 있다. 제3자의 시각에서 몇 가지 전략적 대안을 제시해 주어야 한다. 시급성과 경제성을 평가하여 단계별 접근전략을 고객과 함께 고민하고 실행해야 한다.

셋째, 조직문화 측면이다. 대체로 조직이 관료적인 경우라 할 수 있다. 모든 면에서 수용의지가 약하고, 수용이 되더라도 일의 진행이 더디고 퍽퍽하다. 컨설팅을 통해 조직의 문화를 하루아침에 바꾸기가 몹시 힘든 상태이다. 위기감의 조성은 조직 구성원의 마음을 불안하게 하고, 오히려 업무 집중도마저 떨어뜨려 부정적인 방향으로 흘러갈 수 있다. 수용의지보다 더 강한 개선의 필요성에 대해 장기적인 계획을 수립하여 지속적으로 제시해야 효과가 있다. 조직문화가 변화와 혁신에 대해 거부감이 큰 만큼 진입에 성공하기도 어렵지만 진입한 이후에는 장기적인 파트너가 될 확률이 높다.

중요한 것은 수용의지가 왜 없는지를 진단하고 상황별 접근방식을 달리 가져가는 것이다. 시간이 다소 걸리더라도 점진적인 접근을 해야 하는 경우가 있으며, 빠르고 급진적인 접근을 통해 고객에게 강한 인상을 심어주어야 할 때도 있다. 컨설팅 방식에서도 분석적이고 체계적으로 진행해야 할 경우가 있는 반면에, 때로는 위기감이나 감성에 호소하는 방법으로 실마리를 풀어야 하는 경우도 있다.

동기부여를 통해 시작할 수 있도록 하라

수용의지가 낮고, 고객의 수준 또한 높지 않은 경우에는 동기부여를 통해 무언가를 시작할 수 있는 분위기를 마련해야 한다. 이렇게까지 하면서 영업을 해야 할까 생각할 수도 있다. 제품이나 서비스의 판매에 국한하여 생각하면 노력에 비해 결실이 너무 작게 느껴질 것이다. 그렇기 때문에 일상적인 영업활동을 하는 경우에는 고객에게 동기부여까지 시켜가며 만족을 주려고 노력하지는 않는다. 하지만 이처럼 보편타당한 영업을 하거나 보통 이하의 영업을 하게 되면, 보통 이하의 성과밖에는 달성할 수 없다.

늘 힘들고 어려운 것이 영업이다. 매 순간, 모든 고객은 다 나름의 어려움이 있고, 그 모든 상황 속에서 지금 내가 하고 있는 영업의 순간이 가장 어렵게 느껴진다. 동기부여도 잘 되어 있고, 수용의지도 매우 높고, 구매에 대한 예산도 잘 갖추어진 고객이 있다면 그건 흡사 기적을 보고 있다고 생각하면 된다.

그렇다면 영업은 고객사의 동기부여를 어떻게 이끌어 낼 수 있을까? 자신의 문제를 정의하고 이를 개선하는 것도 쉽지 않은데 남을 움직이게 하는 것이 가능할까? 그것도 한 개인이 아닌 조직 전체를 대상으로 말이다. 필자는 작은 성공 체험을 통해 이 문제에 접근했다. 문제점을 식별하고 쉽게 해결할 수 있는 하나의 문제에 집중하여 pilot

테스트를 통해 구체화할 수 있었다.

H사는 한때 국내 굴지의 건축자재를 생산하여 납품하는 B2B 기업이었다. 우수한 기술력을 기반으로 국내 시장점유율 80% 이상을 차지하며 탄탄대로를 걷고 있었다. 말 그대로 가만히 있어도 고객들의 제품 발주 요청이 줄을 이었다. 판매대리점은 공급자 위치에 있으면서도 갑의 마인드를 갖게 되었고, 본사의 분위기 또한 새로운 것에 대한 수용의지도 없었고, 신기술에 대한 필요성도 잃어가고 있었다. 문제는 중국 제품과 국내 K사의 맹렬한 추격이 시작된 2005년부터 시작되었다. 시장점유율은 30%대로 급락했고, 사업을 시작한 이래 경쟁에 대한 경험이 전무한 경영진과 대리점주들은 속수무책으로 몰락하고 있었다. 그럼에도 불구하고 과거의 영광에 사로잡힌 대리점주들은 여전히 갑의 마인드에 머물러 있었고, 본사의 영업담당자들은 대리점에 대한 통제력을 갖지 못했다.

2013년 H사는 본사 영업담당자 및 대리점 사장들을 소집하고 필자에게 영업교육을 의뢰해 왔다. 이러한 상황들에 대해 어떻게 해결책을 찾을까 고민한 끝에 그 실마리를 교육에서 찾고자 한 것이다. 그리고 몇 차례 영업교육을 진행해 보았지만 이렇다 할 만한 개선 효과는 거두지 못한 상태였다. 나는 교육을 맡는 데 몇 가지 조건을 달았다. 첫째, 영업담당자 및 대리점 사장들과 사전에 충분한 인터뷰를 해야 한다. 둘째, 의사결정을 할 수 있는 임원들이 교육에 참여해야 한다. 셋째, 토론방식의 교육을 진행할 것이다. 이 세 가지 조건이 가능할 경우 교육을 진행하기로 했다. 사실 이런 교육방식은 준비해야 할 것이 워낙 많아서 교육을 하는 사람이 더 힘이 든다. 교육이라기보다는 교육을 통한 컨설팅에 가깝기 때문이다.

교육을 시작하기 전부터 불만들이 쏟아져 나왔다. 바쁜데 무슨 인터뷰냐, 임원이 무슨 영업교육을 듣느냐, 대리점을 비우고 며칠씩 어떻게 교육을 받느냐 등등, 새로운 것에 대한 수용의지도 신기술에 대한 수준도 떨어지지만, 교육에 대한 의지도 교육을 대하는 수준도 낮게만 느껴졌다. 우여곡절 끝에 인터뷰가 시작되었다. 처음엔 누구 하나 입을 열지 않았다. 시간이 흐르자 하나 둘씩 문제점에 대해, 기대하는 바에 대해 말들이 이어졌다. 책임 전가하기, 환경 탓으로 돌리기, 경쟁자 비방하기 등으로 전형적인 문제였다. 그래도 우선 희망이 있는 것은 누구나 위기의식을 가지고 있다는 것이었다.

인터뷰 내용을 분야별로 정리하고, 교육에 참석한 임원을 중심으로 조를 편성해서 가장 시급한 문제와 가장 빨리 해결할 수 있는 문제점을 식별해내도록 했다. 그리고 다른 것은 모두 뒤로 미루었다. 무조건 식별해낸 한 가지 문제점이만 집중해서 구체적인 실행계획을 세우고, 간단한 pilot 테스트를 진행했다. 고객, 대리점 사장, 본사 영업담당, 임원의 역할을 바꾸어 게임을 진행했다. 각자 다른 방식의 시각으로 한 가지 문제점을 바라보니 새로운 해결책이 보이기 시작했다. 8시간이 흐르고 나니 모든 조에서 미소가 번지기 시작했다. 아주 작은 문제라 할지라도 해결할 수 있다는 실마리를 보았고, 성공의 체험을 통해 문제해결방식을 경험한 결과였다.

그러나 이제부터가 시작이다. 작지만 의미 있는 성공 체험을 통해 얻은 동기(motivation)를 더 키우고 지속시킬 수 있게 만들어야 한다. 이후에 H기업은 몇 차례 이런 교육과정을 통해 스스로가 새로운 것에 대한 수용의지를 높이고, 새로운 기술개발에 대한 돌파구를 마련하기 위해 노력하고 있다.

이러한 H사의 사례는 영업에서 고객사의 동기부여를 이끌어내는데 응용할 수 있다. 하지만 영업담당자가 이러한 동기부여 활동을 직접 지휘하고 이끌어 가는 것은 현실적으로 매우 어렵다. 이때 교육이나 컨설팅 전문가를 활용하여 고객사와 협업하여 이러한 활동을 기획한다면 도움이 될 것이다.

고도화를 통해 지속적으로 발전하라

고객의 상황만을 놓고 보았을 때 가장 바람직한 위치에 있는 고객이 영업의 입장에서는 문제점이 없기 때문에 새롭게 진입하는 데 가장 힘든 고객이다. 제품이나 서비스에 대한 자신의 문제점을 정확히 정의하고 있고, 기업의 비전도 매우 탁월한 상태이다. 뿐만 아니라 산업이나 기술에 대한 수준도 높기 때문에 공급사보다도 뛰어난 상태의 고객이라 할 수 있다. 이처럼 수용의지가 높고, 기술수준도 높은 고객은 고도화의 이슈가 존재한다. 고도화란 현재 진행 중인 고객의 서비스를 보다 정교하게 작동할 수 있도록 하는 것을 의미한다. 또한 새로운 성장동력의 확보를 통해 추가적인 부가가치를 발굴하는 것을 포함한다.

고객이 운영 중인(혹은 판매 중인) 제품이나 서비스를 고도화하는 작업은 공중 급유를 하는 것만큼이나 기술력과 호흡을 필요로 한다. 누구나 쉽게 할 수 있는 것이 아니다. 고객 또한 기존 거래선을 쉽게 변경하지 못한다. 충분한 검증과 최적의 호흡이 보장되지 않으면 함께 할 수 없다. 자칫 큰 사고로 이어질 소지가 크기 때문이다.

프로그램의 예를 들어 보자. 보통 일반 사용자는 노트북이나 컴퓨터를 구매할 때 윈도즈 상위버전(Windows 8)을 설치한다. 이 경우에는 대수로운 일이 아니다. 그런데 원자력발전소에서 작동 중인 윈도즈 버전을 업그레이드(upgrade)하는 상황이라면 어떨까? 원자력발전소가 운영 중인 어플리케이션(applications)이 100% 완벽하게 호환된다고 누구도 보장하지 못한다. 이런 이유로 기존의 공급사를 포함한 관련 협력기관의 완벽한 준비와 호흡이 선행되어야 한다. 기술적인 문제를 포함해 팀워크와 호흡이 무엇보다 중요하다. 서비스 체계에 대한 변경, 부품의 변경, 고객 응대방식의 변경, 그리고 유통이나 물류의 변경 등을 포함한 모든 것에 대한 고도화는 영업의 조율하에 조직 차원의 협업이 관건이라 할 수 있다.

새로운 성장동력의 확보는 새로운 인사이트에서 출발한다. 영업에서 새로운 인사이트는 다른 방식의 접근을 필요로 한다. 고객사의 문제해결에 중심이 놓이는 것이 아니라, 시장이나 산업의 개념을 새롭게 정의하는 것에서 출발한다. IT에서 애플이 휴대전화를 새롭게 정의했듯이, 스포츠 산업에서 나이키가 운동을 새롭게 정의했듯이 말이다. 이후에는 등장한 새로운 개념을 구체화시켜야 한다. 이때 영업의 역할 또한 재정의되어야 한다. 이제 영업은 세일즈맨이 아니라 세일즈 컨설턴트, 세일즈 마케터가 되어야 한다. 기존의 전략 컨설턴트나 마케터는 새로운 개념을 정리하는 데 많은 도움이 된다. 그리고 이를 구체화하는 데 있어 결정적인 역할은 변화된 개념을 완벽하게 이해한 영업이 맡는다. 이때 컨설턴트나 마케터와의 소통에 문제가 발생하게 되는데, 영업이 그 시간이나 간격을 최소화하지 못하면 새로운 성장동력은 경쟁사에 의해 빠르게 복제가 된다. 다시 말해 고도화를 추진하는 조직은 스스로가 고도화되어야 한다. 그런 연후라야 고객과 함께 호흡할 수 있고, 마침내 지속 가능한 전략적 파트너가 되어 경쟁자의 진입을 막을 수 있다. 이와 같이 까다롭고 예민한 고도화 작업을 성공시키기 위해서는 영업조직의 문제를 넘어서, 공급사 및 관련 협력사 전체의 연결 지향적 협업이 필수이다.

고객의 상황을 파악하는 것은 매우 중요하다. 고객사의 현업 담당자는 자신들이 자신 없는 부분에 대해 정확하게 이야기하기를 꺼려 한다. 갑의 입장에서 을을 대하고 싶기 때문이다. 이때 영업담당자는 시간을 갖고 질문을 통해 고객의 현재 상황을 정확히 파악해야 한다. 고객과 처음 대면하는 자리에서 고객의 수준을 물으면 고객은 당황하거나 거북함을 느끼게 된다. 오히려 교육이 필요한지, 자문이나 컨설팅이 필요한지 등을 묻게 되면 현재 상황을 편안하게 이야기할 수 있을 것이다. 다른 유사한 고객사의 예를 들면서 이야기를 이끌어 나가는 것도 방법이다. 나와 상황이 비슷한 다른 기업의 사례를 통해서 거부감을 없앨 수 있기 때문이다.

또한 동일한 영업 접근방법이 아닌, 고객사에게 적합한 방식을 제안하는 것도 영업이 고객으로부터 신뢰를 얻을 수 있는 좋은 방법이다. 이렇게 했을 때 고객은 자신들에게만 최적화된 솔루션을 제공받았다는 특별한 감정을 느낄 것이다.

기존의 방식에서 새로움을 찾아라

기존에 우리가 알고 있었고, 늘 그렇게 해 온 것들이 꼭 그렇지만은 않다는 사실이 때로는 신선한 충격이 되기도 하고, 때로는 웃지 못할 허무함이 되기도 한다. 특정 분야의 전문적인 연구 결과를 통해 기존에 믿고 있던 사실들이 거짓이라고 판명이 나면 충격에 빠지기도 한다. 참과 거짓은 완전히 반대가 되는 결과이기에 이를 수용하는 입장에서는 가슴이 철렁 내려앉을 수 있다. 기존 현상과 완전히 상반된 결과가 아닌 경우라면 새로운 환경이 도래했거나, 더 좋은 기법이 나오면서 기존의 방식이 구태의연해지는 경우라 할 수 있다.

영업에서도 기존에 늘 해 오던 방식과 늘 믿었던 방식이 오늘날의 영업방식과 고객에게는 통하지 않는 경우가 있다. 기존 영업방식이 잘못되었다기보다 이제는 달라져야 하기 때문일 것이다. 여기 기존의 방식에 대한 몇 가지 도전적인 질문을 해보고자 한다.

첫째, 영업은 고객과의 관계관리에 집중해야 하는가?

둘째, 영업에서 마케팅은 중요하지 않은가?

셋째, 영업은 만들어진 제품이나 서비스를 잘 팔면 되는가?

넷째, 영업의 목적은 수주와 판매인가?

이상의 네 가지 질문에 대한 답은 물론 'Yes'이다. 그렇다면 굳이 이 질문들에 대해 다시 한 번 생각해 볼 필요도 이유도 없는 것이 아닐까? 그러나 이에 대한 답은 'No'이다. 기존 방식이나 사실이 잘못되어서가 아니라, 새로운 무언가를 찾기 위해서 다시 한 번 생각해 보아야 하기 때문이다.

🔅 INSIGHT 11-01

영업은 고객과의 관계관리에
집중해야 하는가?

B2B 및 B2C 영업 모두에서 고객과의 관계관리가 매우 중요하다는
사실에는 변함이 없다. 하지만 이제는 고객과의 관계 형성 그 이상을
해야 한다. 영업의 형태가 변화했기 때문이다. 고객과의 관계를 바탕
에 두되, 추가로 자신만의 경쟁력 있는 영업성과를 달성하기 위한 방
법을 찾아야 한다. 필자는 최근 들어 새롭게 등장한 영업 유형을 다시
정리해 보았는데 놀랍게도 256가지의 판매 유형이 드러났다.

[표 5] 영업의 새로운 판매 유형

제품 완성도	구매 형태	판매 형태	영업 형태	대상 고객
완제품	온라인	개방형	제안영업	기업
완성부품	오프라인	폐쇄형	수주영업	공공
조립부품			방문영업	단체 및 협회
맞춤형(customization products)			판매영업	개인사업장

　　제품의 완성도를 네 가지로 분류하고, 구매 형태는 온라인(online)
과 오프라인(offline) 판매방식으로, 판매 형태는 모든 B2B를 대상으로
판매하는 방식과, 특정 산업군이나 집중 고객을 대상으로 하는 폐쇄
형 방식으로 나눌 수 있다. 영업 형태는 네 가지로 나누고, 대상 고객

군도 크게 네 가지 경우로 나눌 수 있다. 이렇게 분류한 '제품 완성도' 부터 '대상 고객'까지의 경우의 수를 계산해보면 256가지의 영업 경로가 존재한다. 기존에 판매하고 있는 영업방식에서 새로운 판매 경로를 발굴하면 새로운 고객이나 시장이 형성될 수 있다는 가설을 세워볼 수 있다.

예를 들어 대표적인 B2B 영업에 해당하는 SI(System Integration, 시스템 통합)/IT, 건설, 조선산업의 경우, 전형적인 영업방식은 '맞춤형'을 '오프라인'으로 '폐쇄형 판매방식'을 통해 '제안영업'을 했다. 이러한 판매방식은 매우 유용하며 앞으로도 계속될 것이다. 여기서 강조하고자 하는 것은 새로운 고객 경로를 발굴할 수 있다는 것이다. 기술개발의 고도화를 통해 이제는 맞춤형 제품을 완성부품이나 완제품으로 만들 수 있다. 이러한 형태의 제품은 온라인을 통해서 개방형으로 판매가 가능하다. 이는 새로운 고객 경로가 추가되는 효과가 있다. 좀 더 확장해서 말하자면 새로운 대상 고객과 시장이 형성될 수 있다는 것이다. 영업담당자 개개인이 힘들게 제안영업을 하지 않아도 고객이 스스로 찾아올 수 있는 플랫폼을 제공할 수 있다. 제조산업의 경우도 완성부품을 방문을 통해 영업했던 방식을 온라인을 통해 판매할 수 있다. 반대로 온라인으로만 판매했던 MRO 제품을 오프라인과 병행하여 판매하기 위해 고객의 현장체험 수단을 제공할 수도 있다.

중요한 것은 자신의 제품이나 서비스가 지니고 있는 속성을 재정의하고, 고객의 경로를 확장해야 한다는 것이다. 이는 고객관계관리에 중점을 두었던 영업방식을 개선하는 기회가 된다. 자사의 제품이나 서비스가 어떤 경로로 판매되고 구매될 수 있는지를 파악하고, 자사에 적합한 관계를 형성해야 한다. 새로운 판매경로(selling path)의 발굴을 통해서 정체된 영업성과를 새롭게 확대할 수 있어야 한다.

영업에서 마케팅은 중요하지 않은가?

지금까지 마케팅은 주로 일반 소비재제품(B2C)이나 서비스를 취급하는 기업에서 강조되어 왔다. 다시 말해 기업 간 거래(B2B)를 하는 기업에서는 마케팅 활동을 거의 하지 않았다. 가장 큰 이유는 B2B 거래는 대부분 대상 고객이 정해져 있기 때문이다. 대부분의 영업담당자들은 접촉해야 하는 대상 고객을 이미 알고 있고, 고객조차도 자신의 제품이나 솔루션을 공급하는 기업을 잘 알고 있기 때문이다. 이러한 특성은 앞서 다룬 B2B 판매유형으로 살펴보면, '오프라인-폐쇄형-제안영업'에서 전형적으로 이루어지고 있는 영업 패턴이다.

이러한 접근방식은 여전히 유효하다. 하지만 판매 루트가 다양해지고, 시장이 국내뿐만 아니라 해외로 확대되면서 상황이 달라지기 시작했다. 예컨대, 공장을 설계하고 시공하는 B2B 기업이 예전에는 영업을 통해 특정 고객사를 방문하여 고객사의 업무에 맞는 제안을 진행했다. 하지만 지금은 IT의 발달로 공장에 대한 설계를 인터넷 환경에서 시뮬레이션해 볼 수 있는 서비스를 제공하고 있다. 고객사가 직접 공급사의 홈페이지에 접속해서 다양한 조건을 유연성 있게 조율하면서 자사의 업무에 적합한 환경을 3D로 구현해 볼 수 있다. 이러한 시도는 고객의 만족도를 높이고, 제품이나 서비스의 선택에 대한 불확실성을 제거하는 효과가 있다. 즉, B2B 기업 또한 고객에게 어떠한 가치(value)를 어떠한 방식으로 제공할 것인가에 대한 마케팅적 접근이 필요한 시점이 도래한 것이다. 마케팅에서 핵심적으로 다루는 4P(Products, Price, Place, Promotion), STP(Segmentation, Target, Positioning) 전략이 B2B 시장에서도 적용된다고 할 수 있다. 또한 대규모 사업자만 상대하던 공급사가 소규모 중소기업을 대상으로 제품을 공급하는 것은 전형적인 시장 세분화의 접근이라 할 수 있다.

국내 대표 오픈마켓 기업인 I사는 최근 기존 B2C 온라인 서비스를 B2B 온라인과 통합하여 중소사업자들도 B2B 전자상거래 서비스를 이용할 수 있는 기회를 대폭 확대했다. 세계적인 온라인 기업 아마존 또한 2012년부터 아마존 서플라이닷컴을 통해 수십만 개에 달하는 산업재를 판매하고 있다. 표적시장의 변화에 따라 이제는 제품, 가격, 판매경로, 촉진활동의 변화가 함께 수반되어 변화되어야 한다. 이러한 일련의 활동은 B2C의 마케팅에서 중요하게 다루던 영역이며, 이제 B2B 영역으로 확대되고 있다.

그동안 B2B 기업에서 마케팅이 중요하게 생각되지 않았던 것은 어쩌면 마케팅적인 접근에 대한 고민이 없었기 때문일 수 있다. 이제 기술적인 한계, 판매방식의 제한으로 인해 닫아두었던 마케팅적 시야를 열어야 할 때가 온 것이다. B2B 기업에서 마케팅적 관점이 중요한 이유를 살펴보면 다음과 같다.

첫째, 그동안 고립되어 있던 B2B 기업의 영업방식에서 탈피해 새로운 판매방식을 찾을 수 있는 기회가 생긴다. 이제 제품을 만들고 이 제품을 누구에게 팔 것인가를 고민하는 방식에서 벗어나, 마케팅을 통해 고객을 먼저 정의하고 제품이나 서비스를 혁신하는 방향으로 발전해야 한다. 예를 들어 B2B 오픈마켓에 참여하기 위해 단순한 제품을 표준화하는 것이 아니라, 기존 제품을 혁신해서 오픈 마켓에서 판매가 가능하도록 만들어야 한다. 다시 말해 고객을 세분화(segmentation)하고, 어디에 집중할 것인가에 대한 표적시장(target market)을 정하고, 위상을 정립(positioning)하는 마케팅 전략을 적극적으로 도입해야 한다. 제품이 판매를 이끄는 것이 아니라, 고객의 가치가 제품을 리드해야 한다. 이러한 활동을 통해서 기존 판매방식의 한계를 극복할 수 있을 것이다.

둘째, 새로운 판매방식은 새로운 시장을 개척할 수 있다는 것을 의미하며, 기존 제품이나 서비스의 한계를 돌파할 수 있는 기회가 될 것이다. 예를 들어 케이터링(catering) 서비스를 제공하는 공급자는 자사의 서비스를 판매하기 위해 법인 영업팀을 가동해 왔다. 이제 이 팀은 마케팅과의 결합을 통해 온라인에서 고객들에게 다른 방식의 서비스를 제공할 수 있다. 고객은 실시간으로 메뉴와 식자재를 선택할 수 있으며, 구입 절차를 온라인을 통해 즉석에서 확인할 수 있다. 또한, 자사의 식자재뿐만 아니라 다른 기업과의 전략적 제휴를 통해 다양한 식자재를 공급할 수 있는 방법도 고민할 수 있다.

셋째, B2B 기업에서 마케팅적 관점을 도입하면 기존 영업활동에 대한 폭넓은 지원이 가능해지고, 이를 통해 영업과 마케팅은 상호 시너지 효과를 낼 수 있다.

글로벌 기업인 H사는 신규고객 발굴 프로세스를 대폭 개선했다. 영업에서 주관하던 신규고객 발굴 단계를 마케팅으로 이관한 것이다. 마케팅은 대규모의 제품설명회나 고객 초청 행사를 통해 신규고객 리스트를 수집하는 활동을 진행한다. 마케팅에서 수집한 대량의 신규고객 리스트는 영업관리 프로그램을 통해 자동으로 영업에게 전달되며, 영업은 마케팅에서 수집된 고객 자료를 토대로 신규고객을 방문한다. 영업이 해당 고객의 자료를 수신했다는 것을 확인하면, 마케팅 실적으로 인정된다.

H사의 이러한 프로세스의 개선은 기존 영업방식에서 일대일로 고객을 발굴하던 한계점을 대폭 개선한 것이다. 또한 신규고객 발굴에 대한 영업의 부담을 크게 줄여준 것이라 할 수 있다. 마케팅과 영업의 협업은 단순한 역할의 협조를 뛰어넘어야 한다. 필요하다면 H사의 사례에서처럼 기존의 프로세스를 개선하고, 협업할 수 있는 시스템을 갖추어야 한다. 이처럼 B2B 영업에서 마케팅의 도입은 한정되었던 고객군을 확대하는 효과를 얻을 수 있으며, 전통적인 방문영업의 한계를 개선할 수 있다.

영업은 만들어진 제품이나 서비스를
잘 팔면 되는가?

필자가 영업활동을 하면서 들었던 많은 말 중에 판매에 관련된 것이 있다. "좋은 제품을 합리적인 가격에 판매하는 것은 누구나 할 수 있는 것 아닌가? 별로 좋지 않은 제품을 잘 팔아야 그게 영업이지." 이 해도 가고 수긍 또한 되지만 이 말처럼 기운 빠지게 하는 말도 없다. 영업에 대한 잘못된 선입견에서 비롯된 것이다.

그러면 영업은 만들어진 제품이나 서비스를 판매하는 고유의 역할에 더해서 무엇을 해야 전문가로 인정받을 수 있을까? 방법은 단 한 가지, 더 잘 판매하는 것뿐이다. 그러기 위해서는 기존의 방식에 머물러서는 안 된다. 영업의 역할을 확장시켜야 한다. 판매를 중심으로 했던 영업의 역할에 파트너로서의 역할을 더해야(add) 한다. 파트너는 고객에게 문제가 발생하거나 돌파구가 보이지 않을 때 대안을 제시해 주어야 하며, 고객을 이끌어야 한다. 그렇게 했을 때 비로소 '영업전문가'로 인정받을 수 있다. 기존 B2B 영업현장에서 프리세일즈(pre-sales)라는 직군으로 불리는 이들이 바로 이러한 역할을 담당해 왔다. 영업과 컨설팅을 결합하여 고객의 문제를 고객보다 더 잘 파악하고 해결방안을 제시해 주는 전문가 집단이다. 그런데 이 집단의 크기가 고객의 만족을 충족시킬 만큼 충분하지 않다. 결론적으로 말하자면 이는 영업의 잘못이 크다고 할 수 있다. 영업담당자 스스로가 판매 역할에 머물며 변화를 거부해 왔기 때문이다.

A기업은 국내 굴지의 화장품 판매기업이다. 수십 명의 영업담당자가 적게는 5개에서 많게는 10여 개의 대리점을 대상으로 영업관리업무를 맡고 있다. 문제는 대리점을 직접 운영하는 사장들이 영업담당자를 그저 귀찮은 존재로 인식하고 있다는 점이다. 이유인즉 영업담당자들이 현장을 너무 모르고, 대리점에서 제안하는 사항에 대해서도 본사에 전달하는 중재역할을 제대로 수행하지 못한다는 것이다. 그렇다고 판매 확대를 위해서 단기적인 전략에 대한 아이디어를 제공해 주는 것도 아니고, 장기적으로 대리점이 어떤 모습으로 변하고 성장해야 하는지를 고민하지도 않는다. 영업담당자라는 용어가 무색할 만큼 영업에 대한 경험과 지식이 부족하다는 것이다. 상황이 이렇다 보니 수십여 명의 영업담당자들조차 자신들의 업무 역할에 혼선을 갖게 되었다. 본사 입장에서는 그렇다고 대리점을 무방비 상태로 방치해 둘 수도 없는 노릇이었다.

대리점 사장들과의 인터뷰를 통해 영업담당자가 무엇을 해주면 좋겠는지를 물어보았다. 역시 가장 큰 부분은 현실적으로 관계에 대한 것이었다. 관계 형성이 선행되어야 무슨 이야기를 하든, 전략을 수립하든 할 터인데, 한 달에 한두 번 그것도 오전에 왔다가 가버리는 상황에서는 속내를 터놓고 이야기할 수 없었던 것이다. 더 큰 문제는 영업담당자가 너무 경험이 없다 보니 대리점 사장들에게 정확한 가이드라인을 제시해 주지 못하는 것이었다. 경험이야 하루아침에 쌓이는 것이 아니기 때문에 대리점 사장들도 그 부분은 충분히 공감하고 있었다. 다만 영업담당자의 역할로서 전략적 지표, 즉 경쟁기업의 상황,

시장 변화에 대한 자료, 구매인구에 대한 변화, 그리고 연령 변화에 따라 나타나는 판매 감소에 대한 대안 등을 제시해 주기를 원했다. 현장에 몰입해서 대리점을 경영하다 보면 거시적인 관점을 놓치기 쉽기 때문에 이러한 전략적 의사결정을 위한 조언자가 필요했던 것이다.

그런데 영업담당자들은 이러한 요구에 대한 고객(대리점)의 목소리에 올바른 응답을 해주지 않았다. 아니 어쩌면 해줄 수 없었을 것이다. 우선 당장 대리점에 제품판매를 독려하는 것이 중요했고, 대리점의 성장을 위한 고민을 하기에는 영업담당자 본인들도 역량이 부족해서이다. 경쟁자를 분석하고, 시장을 분석하고, 최종 고객을 분석하는 등의 전략이나 컨설팅 역량에 대한 교육을 받아본 적이 없기 때문이다.

이제 판매 중심의 영업에 관한 관점을 영업 스스로가 극복해야 할 때가 왔다. 영업에서 고객의 성공 없이 영업이 잘 되는 경우는 매우 드물다. 고객을 성공시키기 위해서는 영업이 고객의 성공을 위한 끊임없는 탐구를 해야 한다. 남 좋은 일만 시키는 것이 아니라 결과적으로는 내가 잘 되기 위한 가장 빠른 지름길이기 때문이다. 영업은 만들어진 제품이나 서비스를 잘 판매하는 직업이 아니라, 그 제품이나 서비스를 통해서 고객을 성공으로 이끄는 직업이다.

영업의 목적은 수주와 판매인가?

영업의 목적을 수주와 판매로 국한하는 것은 경제적 효과에 집중한 의사결정에 따른 것이다. 이러한 의사결정은 외부에는 영업 기회가 존재하고, 내부적으로는 생산과 판매활동을 할 수 있는지만을 고려 대상으로 국한한다. 이때 기업이 가지고 있는 기업경영의 본질, 철학, 사회적 책임 등은 배제되기 마련이다. 이는 결과적으로 고객이라는 가장 중요한 요인을 고려하지 않는 상황으로 이어지게 된다.

좀 극단적인 예로, 특정 기업이 마약을 제조하고 판매하면 경제적 의사결정 측면에서는 외부에 시장이 존재하고, 내부적으로 이를 생산하고 판매하는 데는 아무런 지장이 없다. 하지만 정상적인 사업으로 인정받지 못한다. 왜일까? 기업의 철학이 투영되고, 사회적으로 문제가 있으며, 가장 중요한 것은 고객에게 치명적이기 때문이다. 다른 관점에서 보면 지극히 '나'를 중심으로 한 목적이라 할 수 있다. 이러한 영업은 결코 오래가지 못한다. 그렇다면 이렇게 극단적인 경우가 아닌 일반적인 영업에서는 어떨까? 역시 수주나 판매를 영업의 목적으로 두는 것은 '나'를 중심으로 한 것이다. 결론부터 말하자면, 영업의 목적은 내가 아닌 '고객'을 중심에 두어야 한다는 것이다. 그렇다면 영업이 수주나 판매를 목적으로 하지 않으면 어떻게 하란 말인가?

고객을 중심으로 한 영업의 목적에는 '가치(values)'가 함께 따라야 한다. 가치 있는(valuable) 것은 위협이나 위험요인을 감소시키거나 제거하며, 기회요인을 높인다. 영업에서 고객의 문제점을 사전에 판단하고 선제안을 통해 고객과 나의 가치를 높이는 활동이 좋은 예이다. 고객과 나 모두에게 발생할 수 있는 문제점을 사전에 파악했다는 것은 위험요인을 제거한 것이며, 이를 통해 고객의 문제를 해결한 것은 고객의 안정적인 사업과 새로운 영업기회의 발굴이라는 기회요인을 높인 것이라 할 수 있다.

선제안활동과 같은 가치를 창출하는 것은 수주와 판매에도 기여할 뿐만 아니라 새로운 영업의 목적이 될 수 있다. 이러한 새로운 가치의 창출은 영업조직만 열심히 한다고 되는 것이 아니다. 영업이 한 발 앞서 아이디어를 내고, 전체 조직의 가치사슬(value chain)에서 함께 고민하고 실행해야 한다.

시장 상황이 정체되고, 매출이 급격히 하락하는 상황에서 사장님이 영업담당자에게 묻는다. "어쩌지?" 반응은 이렇다. 첫 번째, SSHH-시키면 시키는 대로, 하라면 한다. 두 번째, 침묵으로 일관한다. 이때 사장님과 절대 눈을 마주치지 않는 것이 중요하다. 세 번째, 회의가 끝난 후 직원들을 옥죄고, 발로 뛰어서 매출을 10% 정도 올려 본다. 그럼 내년에는? 올해와 똑같은 상황이 반복될 것이다. 이렇게 되지 않기 위해서 영업은 어떤 목적을 가져야 하는가? 앞서 이야기했듯이 최소한 두 가지의 속성을 가져야 한다. 첫째, 지극히 고객 지향적이어야 한다. 둘째, 가치 지향적이어야 한다.

사무용 책상과 의자를 판매하는 법인 영업담당자의 목적은 고객의 업무 몰입도를 높이는 것이다. 이제는 판매방식이 달라진다. 내가 제공하는 책상이나 의자의 기능, 디자인, 특징을 고객에게 설명하면서 우리 제품을 사용하면 업무 효율성을 높일 수 있다고 제안하지 않는다. 직장인들이 책상이나 의자를 사용하면서 불편해하는 부분을 연구하고, 얼마나 오랜 시간 앉아서 일을 하는지를 분석한다. 업무에서 오는 피로도를 데이터로 제시하고, 책상이나 의자를 통해 얼마만큼 피로도가 개선될 수 있는지를 보여준다. 책상 위를 어떻게 정리하고 수납해야 가장 효율적인지를 공부하고, 올바른 업무자세를 설명한다. 진심으로 고객을 위해서 그렇게 한다.

판매 이후의 영업방식도 달라진다. 수시로 고객사에 들러 불편한 사항이 없는지를 확인하고, 추가적으로 지원할 사항이나 개선사항을 메모한다. 사무실을 이전할 때 고객 비용을 최소화할 수 있는지를 고민하고, A/S를 위한 새로운 체계를 마련한다. 가장 좋은 것은 고객이 내가 공급한 의자나 책상에 대해 아무것도 느끼지 못하게 하는 것이다. 고객이 우리가 판매하는 제품에 대해 인지하지 못한다는 것은 품질이 너무 좋아서 제품 자체에 신경 쓸 일이 없다는 것이다. 의자 바퀴가 덜컹거리거나 삐걱대거나 책상 모서리에 옷이 찢기지 않아야 한다. 이와 같은 높은 수준의 품질을 위해서 영업담당자는 고객으로부터 얻은 피드백을 상품개발팀과 반드시 공유해야 한다. 고객을 위해 아주 사소한 것까지 신경을 쓰기 위해서 영업담당자는 고객사의 방문횟수를 늘려야 한다. 이 과정에서 자연스럽게 고객의 만족도와 충성도가 높아질 것이다.

이처럼 영업담당자가 인식하는 목적이 판매가 아닌 고객의 가치를 높이는 것으로 바뀌는 것만으로도 많은 것이 달라진다. 영업의 목적을 변화시키기 위해서는 조직의 목적 또한 함께 바뀌어야 한다. 조직의 목적은 하위 기능의 목적에 반영되기 때문이다. 나이키는 '세계의 모든 운동선수들에게 영감과 혁신을 가져다 준다.' 구글은 '점점 많아지고 있는 새로운 사이트에서 더욱 더 효율적인 방식으로 빠르고 훌륭하게 온라인 검색을 할 수 있는 방법을 모색한다.' BMW 그룹은 '그룹 내 브랜드와 관련된 모든 세분화된 시장에서 최고의 수준과 뛰어난 품질에만 집중하는 유일한 자동차&오토바이 제조업체이다.' 어려운 말도 없으며, 단순하고 명료하다. 고객 지향적이고, 가치 지향적이다.

이제 기존에 가지고 있던 것들에 더해 새로운 관점을 찾고 발전시켜야 한다. 그것은 거창한 혁신과 같은 이름이 아니더라도 의미가 있다. 간단한 개선점을 발견하여 적용하고, 실행하는 것만으로도 남들보다 앞서갈 수 있기 때문이다. 신발에 들어간 작은 모래알 하나가 걷는 것을 너무 불편하게 한다. 잠시 걸음을 멈추고 그것을 털어내면 그만이다. 귀찮다는 이유로 그대로 두면 어느 날엔가 다시금 신발 속에서 모래알이 튀어나와 또다시 불편해진다. 모래알을 털어내고 편안한 발걸음을 내딛길 바란다.

기존에 잘 구축된 영업의 프로세스나 통상적인 규칙들은 시간이 지나면서 효과적으로 작동하지 않게 된다. 이는 기존의 영업방식이 잘못되어서라기보다는 변화해야 하는 시점에 다다른 것으로 봐야 한다. 과거에는 영업에서 접대문화가 당연시되었던 시절이 있었다. 하지만 지금은 오히려 금기시되고 있다. 사회적인 윤리적 기준이 높아진 이유도 있지만, 접대라는 것과 구매라는 것이 분리된 이유도 있다. 아무리 관계 형성이 잘 되었다 하더라도 구매담당자가 구매 결정으로 피해를 입을 수도 있는 상황이라면 결코 구매 결정을 하지 않는다.

과거에는 제품이나 서비스의 구매 이후 발생한 불량이나 불편사항들은 확산의 속도도 더딜 뿐더러 숨겨지는 경우가 많았다. 하지만 오늘날은 SNS를 통해 실시간으로 모든 소비자에게 급속도로 확산된다. 영업담당자가 그저 물건만 판매해서는 영업을 지속할 수 없는 환경이 도래한 것이다. 판매방식과 고객관리방식 또한 바뀌어야 한다. 그저 열심히 하기만 하면 되는 것이 아니라, 올바른 방식으로 해야 한다. 그러기 위해서는 과거 당연시되었던 영업의 규칙이나 규범들을 새로운 관점에서 해석해 보는 것이 필요하다.

연결이야말로
영업의 본질이다

1963년 미국 국방성이 조직한 ARPA(Advanced Research Project Agency)가 컴퓨터 네트워크를 구축한 이후 인터넷은 전 세계를 연결하는 중요한 도구가 되었다. PC 네트워크로 연결하던 기술은 그 발전 속도를 측정할 수 없을 만큼 가파르게 상승했고, PC, 태블릿 PC, 스마트폰의 연결을 넘어서 모든 사물이 인터넷을 접속할 수 있는 환경이 되었다. 이른바 IoT(Internet of Things) 시대가 도래한 것이다. 가트너 그룹은 2009년 9억대 수준이던 사물의 연결 객체 수가 2020년에는 약 260억대로 증가할 것이라고 예상했다. 이 수치는 PC, 태블릿 PC, 스마트폰의 연결을 제외한 것이다. 이렇듯 숫자 자체에 큰 의미가 없을 만큼 모든 것이 연결되고 있다.

이러한 연결과 함께 그 목적성 또한 발전해 왔다. 초기 인터넷을 기반으로 한 디지털 시대에는 객체지향 연결이 목적이었다. 특정 객체 간의 연결은 연결 그 자체가 매우 중요했으며, 사이버 공간을 통해 정보를 게시하고, 교류하고, 확산하는 역할이 주류를 이루었다. 많은 기업들은 홈페이지를 통해 자사의 제품이나 서비스에 대한 정보를 올렸고, 그러한 과정에서 마케팅의 중심축에는 온라인이 자리 잡게 되었다. 이러한 객체지향의 연결은 이후 목적지향 연결로 발전했다. 객체 연결을 통해 정보를 공유하는 것을 넘어서 기업이나 개인 스스로가 자신의 목적을 위해 연결하고 연결되었다. 개인은 자신의 재능이나 지식을 확산시키기 위한 목적으로 인터넷을 활용하고, 기업은 온라인 판매를 통해서 완전히 새로운 시장을 개척하고 있다. 아울러 RFID(Radio Frequency Identification)를 통해 마트와 가정집을 연결해서 자동 주문이 가능해졌다. 즉 단순 정보의 교류를 한 단계 발전시킨 기업과 고객의 상호 목적을 추가한 연결이 되었다.

분명한 것은, 이러한 연결은 연결 이전의 세계와 비교가 되지 않을 정도로 많은 가치를 가진다는 것이다. 경제적·사회적·문화적인 모든 면에서 새로운 연결은 새로운 가치를 만들어낸다. 다시 말해 연결을 통한 시너지는 단순히 그 숫자를 넘어서는 엄청난 부가가치를 창조한다는 뜻이다. 또한 연결은 단순한 객체와 객체, 기능과 기능의 연결만을 의미하지 않는다. 연결을 통한 새로운 결합과 융합을 내포하고 있다. 이러한 연결을 통한 고부가가치의 탄생은 비단 인터넷이나 IT에서만 나타난 것은 아니다. 제조업과 IT의 결합, 생물학과 공학의 결합, 조직과 조직의 결합 등 학제 간, 조직 간, 계층 간의 유기적인 결합이 존재한다.

기업의 입장에서 보면 이러한 결합과 융합은 매우 중요한 의미를 가진다. 예를 들어, 이제 구매부서와 생산기술부서의 협업은 신제품의 개발이나 생산에서 필수적이라 할 수 있다. 기술력이 뛰어난 협력사를 발굴하고, 높은 품질 수준을 자랑하는 부품을 글로벌하게 소싱(sourcing)하는 등의 구매팀의 역할은 생산기술팀에게 없어서는 안 되는 중요한 협업활동이다. 또한 단독 벤더(sole vendor)의 강한 협상력을 약화시키기 위해서는 생산기술팀의 연구개발 능력이 반드시 필요하다.

이와 같은 협업의 사례는 기업활동 전반에 걸쳐 다양하게 볼 수 있다. 하지만 협업해야 하는 모든 팀들이 훌륭한 방법으로 적절히 협업을 이루는 것은 아니다. 오히려 협업이 잘 이루어지지 않는 경우가 많아서 문제가 되고 있다. 기술팀은 마케팅팀에게 말만 그럴듯하게 하는 조직이라고 한다. 영업은 엔지니어에게 꽉 막힌 조직이라며 시장도 모르고 고객도 모르는 그저 기술만 아는 고집 센 집단이라고 말한다. 생산 기술팀은 구매팀에게 적합한 원재료를 공급해 주지 않는다고 푸념하고, 구매팀은 생산팀에게 적절한 생산계획을 세우지 못한다고 불평이 한가득이다. 기획팀은 다른 부서에게 자료를 요청한 후 취합해서 보고하는 것이 전부라고 욕을 먹는다.

이처럼 한 기업에 속한 다른 부서 간의 갈등은 어제오늘의 문제가 아니다. 때로는 매우 심각한 지경에 이르러 부서 간 이기주의가 되기도 하고, 기업 전체의 경쟁력을 현저히 저하시키기도 한다. 그만큼 부서 상호 간, 팀 간, 구성원 간의 바람직한 연결은 결코 간단한 문제가 아니다. 이러한 현상을 반대로 뒤집어 생각해 보면 기회가 보인다. 바람직한 연결과 협업이 잘 이루어지지 않기 때문에 이를 잘하는 기업은 다른 기업에 비해 앞서갈 수 있다. 특히, 이러한 긍정적인 협업과 연결은 하루아침에 이루어지는 것이 아니기 때문에 경쟁사가 쉽게 모방할 수 없다는 특성이 있다.

영업활동에도 늘 신경 써야 하는 중요한 '연결'이 있다. 고객과의 연결, 타 기능 부서와의 연결, 영업직군 간 연결이 그것이다. 영업활동을 할 때 관계를 맺는 이러한 연결에 대해 언제나 다양한 방향에서 생각해보고 바람직한 연결을 꾀해야 한다.

고객과의 연결:
연결의 타이밍을 앞당겨라

칼 슈미트(Karl Schmidt), 브렌트 애덤슨(Brent Adamson), 안나 버드 (Anna Bird)는 2015년 <하버드 비즈니스 리뷰>에 기고한 "Making the Consensus Sale"에서 B2B 영업 프로세스를 문제 정의(Problem definition), 솔루션 선정(Solution identification), 공급자 선정(Supplier selection)의 3단계로 구분하였다. 그리고 고객이 어느 단계에서 가장 어려움을 느끼는지에 대해 연구하였는데, 그 결과 솔루션 선정 단계 에서 가장 어려움을 느끼는 것으로 나타났다. 문제를 정의하고, 어떤 솔루션을 통해 자신들의 문제를 해결할 수 있을지에 대한 고민이 가 장 큰 것이다. 고객 입장에서는 특정 공급업체를 떠나서 자신들의 문 제를 해결해 줄 수 있는 솔루션을 찾는 데서 도움을 받고 싶어 한다. 그런데 많은 공급자들은 공급자 선정 단계에서 자사를 선택해 줄 것 만을 요청한다.

　고객과 공급자 사이에 시간의 편차가 존재한다. 고객이 꼭 필요로 하는 시점에 공급사는 나타나지 않는다. 공급사 입장에서는 자신들 이 선택될지 안 될지에 대한 불확실성 때문에 접근을 꺼려한다. 또 다 른 이유는 고객이 진행하고 있는 일 자체를 모르기 때문이기도 하다. 아이러니하게도 영업은 정말로 고객이 필요로 하는 것과 필요로 하는 시점을 찾는 것에 잘 훈련되어 있지 않다. 다시 말해, 고객이 밥상을 다 차려 놓으면 그때 가서 잔칫집에 먹을 것이 없는지 기웃거린다. 영업은 고객이 밥상을 차리기 전에 무엇을 준비해야 하는지를 파악하고 도와주는 역할을 해야 한다. 그렇지 않고서는 그 밥상에 앉아 함께 음식을 먹을 자격이 없다. 고객의 입장에서 생각해보고 이해하면 답은 정해져 있다.

고객이 특정 솔루션을 선정한 이후 적절한 공급사에게 연락을 하는 경우가 있다. 이와 반대로 고객이 연락을 취하기 전에 특별한 문제는 없는지, 도울 것은 없는지를 사전에 물어오는 영업이 있다. 당신이 고객이라면 누구를 먼저 고려하겠는가? 영업은 늘 고객과 연결되어 있다. 고객도 그렇게 느끼고 영업도 그렇게 느낀다. 하지만 고객을 위한 연결은 고객이 필요한 순간부터 시작되어야 한다. 다른 영업보다 좀 더 빠르게 연결될 수 있도록 연결의 타이밍을 앞당겨야 한다.

앞서 다룬 연구결과에서 고객이 각 영업 단계에서 적절한 공급사를 찾는 비중은 높지 않았다. 솔루션 선정 단계에서 37%, 공급사 선정 단계에서 57% 정도만이 고객은 필요로 하는 공급사와 함께한다. 영업담당자가 모를 뿐, 고객은 늘 필요로 하는 공급사를 기다리고 있다. 이러한 상황에서 영업이 고객과의 접점을 위한 시간을 한 단계만 앞당긴다면 많은 영업성과를 이루어낼 수 있을 것이다. 특정 연구결과의 예가 아니어도 마찬가지다. 영업활동을 하는 경우뿐만 아니라, 일반적인 업무에서도 사전에 준비하고 계획해서 먼저 움직이는 것이 유리하다. 특히 영업은 타이밍을 놓치면 끝이다. 그 타이밍을 잡기 위해서는 먼저 출발해야 한다. 고객에게 항상 연결되어 있는 것도 중요하지만, 그 연결 강도를 어느 시점에 강하게 할 것인가도 고민해야 한다.

고객과의 연결:
신뢰가 형성될 수 있도록 꾸준히 유지하라

고객의 신뢰와 만족에 대한 명언이 있다. "고객을 만족시켜라. 처음에도, 맨 나중에도, 그리고 항상.(베네통 회장 루치아노 베네통)" 고객은 어느 한 시점에서 만족할 수 있다. 하지만 특정 시점에 만족한 고객이 지속적으로 만족하기 위해서는 무언가 다른 것이 필요하다. 바로 신뢰다. 신뢰는 하루아침에 형성되지 않는다. 지속적인 만족을 통해서, 지속적인 믿음을 통해서 어느 날엔가 형성된다.

여행을 하다가, 혹은 운전을 하다가 가끔 마주치는 무리가 있다. 수십 명의 할리데이비슨 동호회 사람들이다. 그들의 충성도는 어느 사용자 집단보다 높기로 유명하다. 필자도 할리데이비슨 동호회 멤버 중 한 명을 알고 있다. 어느 날 그 사람이 사고가 났다는 연락을 받고 병원으로 찾아갔다. 그런데 놀라운 광경을 목격했다. 병실을 가득 메운 동호회 멤버들이 가볍게 병문안을 마치고 나서 무언가를 꺼내서 보고 있었다. 그 한가운데에는 사고를 당한 지인도 있었다. 환자가 무얼 그리 열심히 보면서 신나 있는지를 살펴보았더니, 다음에 새로 구입할 할리데이비슨 모델에 대한 것이었다. 어이가 없기도 하거니와 참 대단한 사람들이라는 생각이 들었다. 도대체 할리데이비슨은 그들에게 무슨 짓을 한 것일까? 더욱 충격적인 말은, 세상에는 두 종류의 사람이 있는데, '할리데이비슨을 타고 있는 사람과 할리데이비슨을 타다가 죽을 사람이라는 것'이다. 이쯤 되면 신뢰를 넘어 맹종에 가깝다.

그렇다면 신뢰의 형성이 왜 이렇게 중요한 것일까? 영업에서 신뢰는 나의 분신을 만드는 것과도 같다. 나를 신뢰하는 사람이 한 사람 있을 때와 열 사람 있을 때의 영업의 성과는 확연히 달라진다. 특히 B2C 영업에서는 완전히 달라진다.

얼마 전 모 화장품 방문판매 조직에 있는 사람을 만났다. 그 사람이 하는 말이, 한 번 고객으로부터 신뢰를 얻으면 그 고객이 영업을 한다는 것이다. 충분히 공감할 수 있는 말이다. 마케팅에서 말하는 바로 구전효과(word-of-mouth) 개념이다. 하지만 신뢰를 통한 영업은 구전효과보다 더욱 강력하다. 구전효과는 제품이나 서비스를 구매해 본 경험자가 자신의 효용에 대해 타인에게 추천하는 것이다. 하지만 신뢰가 깊은 고객은 오히려 영업담당자인 나보다 더 나의 제품을 잘 판매한다. 이유는 간단하다. 나는 영업을 하는 사람이기 때문에 고객들이 우선 거리감을 둔다. 하지만 나의 고객은 일반인이기 때문에 주변 사람들이 경계하지 않는다. 다시 말해 지인에게 제품을 소개하는 출발점에서 영업담당자보다 훨씬 높은 신뢰도를 가지고 있기 때문이다.

이처럼 고객과의 의미 있는 연결은 영업의 성과와 직접적인 관련이 있다. 여기서 말하는 의미 있는 연결이 되기 위해서는 단순히 얼굴만 보는 것이 아니라, 신뢰를 구축하는 것을 말한다. B2B 영업에서는 상대적으로 높은 구매비용과 복잡한 구매조직, 긴 구매시간으로 인해 신뢰가 더욱 중요하다. 잘 진행되던 구매 프로세스가 어느 한순간 영업담당자의 실수로 인해 깨질 수 있다. 혹은 기존에 납품했던 제품에 하자가 발생했을 경우 이를 적절히 대응하지 못하면 새로운 제품을 납품할 기회를 잃게 된다. 한순간도 긴장을 늦출 수 없다. 지금 하고 있는 거래에만 충실한다고 해서 되는 것이 아니다. 과거에 납품했던 제품, 현재 진행하고 있는 계약, 미래에 발생할 문제에 대한 사전 약속까지 모두가 일치되어야 한다. 그래야만 고객과의 연결이 의미 있게 형성되고 그 의미 있는 연결이 성과를 보장하게 된다.

지금은 대부분의 B2B 기업에서 제안서에 대한 프레젠테이션(PT)을 프로젝트 PM이 직접 할 것을 요청한다. PT를 영업이 할 경우, 다 해줄 것처럼 말하고 나중에 프로젝트가 시작되면 그대로 실행이 되지 않기 때문이다. 고객은 제안 발표에서부터 실행까지 일관된 연결을 원하기 때문이다.

타 기능 부서 간의 연결: 다기능팀을 고객의 목표에 맞게 연결하라

B2C 영업은 특정한 제품이나 서비스를 중심으로 영업을 전개한다. B2B 영업 또한 마찬가지다. 하지만 다른 것이 있다. 제품이나 서비스의 복잡도가 그것이다. B2B 영업에서 다루는 제품이나 서비스는 한 개인이 모든 기능에 대한 기술적 지식을 흡수할 수 없다. 워낙 다양한 고도의 기술이 포함되기 때문이다. 물론 고도 기술을 활용한 제품이라 할지라도 스마트폰과 같은 완제품을 법인을 대상으로 하는 경우는 B2C 영업과 크게 다르지 않다. 여기서 말하고자 하는 것은 고객사를 위한 대규모 프로젝트 기반의 B2B 솔루션(solution products)이다. 이러한 솔루션은 대부분 고객사의 요구사항이 매우 복잡하고, 상세하며, 오랜 기간 고객사의 비즈니스에 최적화하여 구축해야 한다. 이때 중요한 것은 자사의 제품에 대한 완벽한 구현이 아니라, 고객사의 니즈(needs)를 충족해야 한다는 것이다. 그렇기 때문에 특정 프로젝트를 진행하기 이전에 고객사의 사업구조를 분석하거나, 비즈니스 프로세스를 분석하는 컨설팅 활동을 진행하기도 한다.

　이때 영업은 고객의 목표를 분명히 이해하고 다기능팀을 구축해야 한다. 다기능팀은 여러 기능 부서들을 단순히 모아서 함께 일을 하는 것을 넘어서는 개념이다. 가장 앞 단에는 고객의 목표가 존재하며,

고객의 목표를 달성하기 위해 필요한 기능부서의 적정 인력을 목표에 일치되게 정렬해야 한다. 예를 들어 보자. 한 고객은 구축하는 시스템의 보안이나 안정성이 최우선 과제이고, 다른 고객은 경제성이 최우선 목표이다. 이때 영업 입장에서 중요하게 생각해야 하는 것은 동일한 기능을 수행하는 시스템의 구축이 아니라, 고객의 목표에 초점이 맞추어져야 한다는 것이다.

보안이나 안정성을 중요시하는 고객을 위해서는 정보보안담당자와 시스템 아키텍처(system architecture) 전문가를 다기능팀에 포함시켜야 한다. 구축의 경제성이 최우선 목표인 고객사에는 회계/재무 전문가를 포함시켜 비용분석을 함께 진행해야 한다. 다시 말해 기술적인 기능을 위한 프로젝트팀이 아닌, 고객의 목표를 달성하기 위한 팀을 서로 연결해야 한다. 고객사의 목표지향적인 업무를 수행하기 위해서는 비록 지원부서(전략, 회계, 재무, 인사 등)의 인력이라 할지라도 최소한의 기술적인 역량을 보유해야 한다.

또한, 프로젝트에 대한 이해와 경험을 습득해야 한다. 그렇지 않고서는 다기능팀과 일반 프로젝트팀과의 차별성을 갖지 못한다. 다기능팀의 구성은 스스로의 업무에 대한 역량과 프로젝트 수행에 대한 역량을 일차적으로 공유해야 하며, 이를 고객의 목표를 달성할 수 있도록 연결할 수 있어야 한다. 그렇게 하지 않으면 타 기능 부서와의 협업은 서로 귀찮은 일이 되고 만다. 서로가 귀찮은 일이라고 생각하기 시작하면 고객의 목표를 달성하는 것은 고사하고, 내부적으로 마찰과 균열만 생기게 된다.

그러므로 영업담당자는 고객 접근 단계에서부터 프로젝트 수행 시점까지 다양한 기능 조직에 대한 활용 방안을 고민해야 한다. 아무리 영업 초기 단계라 하더라도 회계팀이나 재무팀, 혹은 물류팀이나 생산팀, 전략팀의 적극적인 협조가 필요한 상황에 놓이는 경우가 많기 때문이다.

타 기능 부서 간의 연결: 의미 있는 연결을 위한 KPI를 충분히 공유하라

타 기능 부서 간의 유기적인 연결이 어려운 이유 중 하나가 '남 좋은 일 하는 것'에 대한 거부감이다. 거시적인 차원에서 보자면 한 조직의 목표를 공유하고 있는 구성원이지만, 특정 팀이나 부서의 입장에서 보면 상황은 다르다. 내가 맡은 일을 하기도 바쁜 와중에 다른 부서 업무까지 협업해야 하는 것이 짜증난다. 협업을 통해 달성한 실적에 대해서도 보상이나 공헌은 모두 다른 부서가 가져가는 상황에서는 화가 나기도 한다. 몇 번 이런 상황을 겪다 보면 자연스럽게 부서 간, 팀 간, 개인 간 이기주의가 생겨난다.

타 기능 부서와의 연결에서 또 한 가지 우려되는 것은 일이 잘못됐을 때에 대한 책임의 소재다. 예를 들어 보자. 마케팅과 영업이 협업하여 새로운 고객을 발굴하는 과정에서 시장조사 자료를 만든다. 영업은 구체적이고 데이터를 중심으로 문서를 작성할 것을 주장했고, 마케팅은 보다 개념적이고 추상적인 방향으로 문서를 작성해야 한다고 주장하였다. 결과적으로 고객의 반응이 시원치 않았다. 이때 마케팅은 영업이 주관하는 업무에 대해 지원활동을 했다고 주장할 것이고, 영업은 신규고객 발굴에 대해서는 시장의 차원에서 다루어져야 하는 부분이라고 맞설 것이다.

이런 현상들을 방지하기 위해서는 최종 결과에 대한 이윤을 함께 공유(profit sharing)해야 한다. 이윤을 공유한다는 것은 더불어 책임을 함께 공유하는 것이다. 책임을 공유한다는 것이 부담으로 작용할 수도 있다. 하지만 타 부서와의 협업을 유도한다는 측면을 충분히 공감한 후라면 부정적인 측면보다는 긍정적인 측면이 더 많을 것이다. 의미 있는 연결을 위한 KPI의 공유는 사실상 영업담당자의 몫이라기보다는 조직의 시스템에 해당한다. 다시 말해 영업의 최종 목적이나 목표를 달성하기 위해서는 영업담당자의 노력도 중요하지만, 잘 구축된 기업의 시스템 또한 매우 중요하다.

국내의 L사나 S사와 같은 경우에는 프리세일즈(pre-sales), 영업, 마케팅 부서가 특정 프로젝트의 인센티브를 공유할 수 있도록 KPI를 마련해 놓고 있으며, 국내에 진출한 H사나 I사와 같은 IT 기반의 기업들 또한 부서 간의 건전한 협업 시스템을 갖추고 있다. 이처럼 KPI를 공유하는 기업의 공통점은 이를 통해서 성과를 공유함과 동시에 시너지를 극대화할 수 있는 구성원 상호 간의 이해와 이해의 폭이 크다는 것이다.

타 기능 부서 간의 연결:
문화로 만들어라

위에서 다룬 KPI의 공유가 잘 이루어지기 위해서는 조직 구성원 상호 간의 이해와 협업이 바탕이 되어야 한다. 시스템을 구축해 놓고 이를 구성원들에게 강제로 따르게 하는 것은 부작용만 낳을 뿐이며, 오히려 안 하니만 못하게 된다. 부정적인 결과도 관습이 되기 때문이다. 긍정적인 방향의 협업 시스템을 구축하는 것은 제도적 장치를 영업, 마케팅, 전략이 단순히 수긍하고 따르는 것을 넘어선다.

협업에 대한 KPI의 공유 초기에는 당연히 불협화음이 발생할 수 있다. 이는 모든 조직에서 발생하는 현상이다. 새로운 방식이나 변화에 대한 불편함 때문이다. 하지만 얼마간의 고비를 넘기게 되면 시스템이 가동되고, 협업 시스템을 통한 작은 성공 경험이 축적된다. 이후에는 굳이 시스템이 아니더라도 체험을 통한 협업의 강력함을 느끼게 되고, 자발적인 참여가 가능해진다. 이는 곧 기업의 문화로 정착된다.

비단 영업의 협업 시스템뿐만 아니라 긍정적인 협업은 조직의 전체적인 분위기를 활기차게 하는 힘이 있다. 기업체의 영업교육을 하다 보면 각 기업마다 다른 문화를 확연히 느낄 수 있다. 어떤 기업은 영업담당자들이 활기가 넘치고 교육에 임하는 태도가 다르다. 같은 이야기를 하더라도 어떻게 하면 이를 현장에서 활용할 수 있을지를 집중해서 듣는 기업이 있고, 어떤 기업은 강의하는 것이 힘들 만큼 반응이 없는 곳이 있다. 분명한 것은 이러한 분위기가 하루아침에 생긴 것이 아니라는 것이다. 그렇기 때문에 한 영업조직의 문화는 성과를 결정짓는 매우 중요한 요소가 된다.

활기찬 영업조직은 상호 협업이 잘되고, 공유체계가 잘 갖추어져 있다. 서로 힘든 상황에 대해 지원하며 격려한다. 상하간의 소통에 있어서도 차이가 있다. 어떤 영업조직은 상사와 부하 간의 소통이 영업성과에 매우 긍정적으로 작용한다. 하지만 어떤 조직은 영업담당자의 스트레스만 쌓이게 한다. 영업관리자가 자신의 팀원을 위해 필요한 것을 지원해 주지 않고, 오히려 관리자가 귀찮은 일을 떠넘기거나 단기 실적에만 매달려 구성원들을 독려하기 때문이다.

이러한 영업조직의 문화는 비단 영업조직에서만 나타나는 것은 아니다. 기업 전반의 문화가 영업조직에도 투영되기 때문이다. 다시 말해 문화는 어느 특정 팀이나 조직에만 특별히 나타나지 않기 때문에 한 번 형성된 문화는 쉽게 바뀌지 않는다.

MBA 수업시간에 조직문화에 대한 간단한 질문을 해보았다. 현대 그룹 하면 떠오르는 이미지는 무엇일까? 대다수의 학생들은 저돌적이고 진취적이며 도전적인 이미지를 떠올렸다. 삼성 그룹에 대해서는 관리, 체계, 스마트와 같은 이미지를 떠올렸다. LG 그룹의 이미지를 묻자 청중이 조용해졌다. 그런데 잠시 후 맨 뒷줄에서 한 학생이 '사랑해요~'라고 말을 했고, 순간 강의장은 웃음바다가 되었다. 이처럼 우리는 직접 근무해보지 않은 회사에 대해서도 이미지를 갖고 있다. 그 기업의 문화가 각종 광고, 홍보, 제품과 같은 것들에 녹아 있기 때문이다.

영업을 진행하는 경우에 있어서도 마찬가지다. 영업활동을 하는 과정에서 고객들은 특정 영업담당자를 만나는 동안 해당 기업의 문화를 알게 모르게 체험하게 된다. 고객은 공급사를 평가하는 데 있어 자신도 모르는 사이에 문화에 대한 이질성이나 동질성을 느낀다. 뭔가 나와는 잘 맞지 않는다라든가, 특별히 친분이 두텁지도 않은데 친밀감이 생기고 소위 말하는 코드가 잘 맞는다는 느낌을 갖게 된다. 고객이 갖는 이러한 느낌은 영업담당자가 속해 있는 조직의 문화를 그 담당자가 고스란히 고객에게 전달하고 있기 때문이다.

전체 조직의 문화가 다소 부정적이라 할지라도, 영업팀의 문화를 긍정적으로 만들기 위해서는 영업팀장의 역할이 매우 중요하다. 사실상 영업팀의 분위기 혹은 문화는 팀장이 어떻게 하느냐에 따라 많이 달라진다 해도 과언이 아니다. 물론 이 과정에서 조직의 문화 차이에서 오는 괴리로 인해 팀장이 받는 압박은 매우 클 것이다.

영업직군 간의 연결:
함께 고민해 보면 판이 커진다

옛말에 "백지장도 맞들면 낫다."라는 속담이 있다. 아무리 사소하고 쉬운 일이라 할지라도 서로 협력하면 더 쉬워진다는 말이다. 다른 직군에 비해 영업은 이상하리만큼 함께 모여서 고민하지 않는다. 같은 회사의 영업담당자끼리는 만나지만 영업직군들 상호간에는 교류의 장이 그다지 많지 않다. 물론 영업의 특성상 경쟁적 관계를 지니고 있기 때문이기도 하다. 그럼에도 불구하고, 영업직군은 영업에 대한 최근 트렌드나 고객의 변화 성향 등을 공유하는 커뮤니티가 활성화되어 있지 않다.

국내 유명 포털사이트에 개설된 카페 수를 살펴보았다. 그런데 마케팅의 경우 22,775건(2015년 6월 기준)이 검색된 반면, 영업의 경우에는 4,292건이 검색되었다. 기타 인사 및 HR이 각각 5,648건, 495건이었으며, 전략을 키워드로 검색해 보았을 때도 영업보다 많은 7,416건이 검색되었다. 또 전문적인 업무 영역으로 인식되는 재무 분야의 카페가 3,340건, 구매 분야의 카페가 32,774건으로 나타났다. 온라인을 중심으로 한 모임뿐만 아니라 오프라인 모임에서도 영업 분야는 그다지 많지 않았다.

협회를 기준으로 마케팅 관련 협회를 검색해 보니 118건이 검색되었고, 영업 관련 협회는 26건이 검색되었다. 좀 더 구체적으로 영업 관련 협회를 살펴보니 직접적으로 영업과 관련된 협회는 9개 정도에 불과했다.

영업직군은 가장 많은 사람을 만나는 직업이다. 다양한 직군과 다양한 경험을 지닌 고객을 상대해야 한다. 한 사람이 가진 최대의 경험치는 여러 사람이 공유하는 것만큼 크지 않다. 그렇다면 영업은 오히려 그 어느 직군보다 활발히 서로 교류하고 만나야 한다. 애석하게도 영업은 그러지 못하고 있다. 자신이 가진 노하우나 정보를 잘 내놓으려 하지 않는다. 소위 말해 밥줄이라 생각하기 때문이다. 그러다 보니 제한적인 시각을 갖기 십상이다. 빠르게 공유하고, 외부로부터의 신선한 방식이나 변화를 수용하지 못하고 있다. 그 누구보다 그렇게 해야 하는 데도 불구하고 말이다. 정보와 지식의 교류는 작게는 개인에서부터 크게는 한 산업의 경쟁력을 키우는 훌륭한 방법 중에 하나가 된다.

저자가 엔지니어로 일하던 1997년 즈음 우리나라에 최초로 PCS(Personal Communication Service, 개인용 휴대통신) 서비스가 상용화되었다. 이 무렵 개인 고객의 이동전화 사용에 따른 청구서 발행 솔루션(Billing System, 빌링 시스템)은 대부분 몇 백 억에 이르는 막대한 비용을 지불하고서 이스라엘이나 미국 업체들의 소프트웨어를 수입해서 적용했다. 그 이후 국내 엔지니어들은 빌링 시스템과 관련된 기술을 공유하고 자체 개발하기 위한 노력을 진행해 왔다. 오늘날 빌링 시스템은 당시의 기능을 훨씬 능가하면서도 가격은 억 단위까지 내려갔다. 물론 이 과정에서 개발된 소프트웨어를 해외에 수출하는 상황에까지 이르렀다. 기술의 공유가 없었다면 불가능한 일이다.

함께 고민하고 공유하면 탁월한 성과가 발생하고, 그 성과는 어느 개인의 것을 넘어 산업 전체에 긍정적인 파장으로 이어진다. 폐쇄적인 구조에서는 결코 발전을 이룰 수 없다. 개방하고 공유한 이후에야 모두가 앞으로 전진할 수 있다.

영업이 타 분야와 교류가 부족하다는 것은 결과물에서도 찾아볼 수 있다. 국내 마케팅 관련 학회지는 〈마케팅관리연구〉, 〈마케팅연구〉, 〈마케팅과학연구〉, 〈*Asia Marketing Journal*〉, 〈한국마케팅학회보〉, 〈IT와 마케팅〉 등 6개가 있다(한국학술정보, 2015). 반면에 영업 관련 학회지는 단 한 개도 없다. 해외 SSCI(Social Science Citation Index) 논문 리스트에도 마케팅 관련 학회지는 2015년 기준 26개가 있지만 영업 관련 학회지는 단 한 건도 포함되어 있지 않다. 그나마 〈*Journal of Personal Selling & Sales Management*〉라는 영업 관련 학회지가 알려져 있을 뿐이다. 영업 관련 논문은 주로 마케팅 영역에서 다루고 있는 실정이다.

단편적인 결과만을 놓고 영업의 협업에 대해 극단적인 결론을 내릴 수는 없다. 하지만, 다른 직군과 비교하여 영업 분야의 협업에 관한 상황을 미루어 짐작해 볼 수 있다. 작게는 경쟁업체 영업담당자들과 만남을 시작하는 것에서부터, 크게는 정보 교류와 문제 해결의 아이디어를 공유하는 장(場)이 필요하다. 함께 연구하고 함께 결과물을 만들어 가는 속에서 영업의 전문성이 깊어지고, 보다 수준 높은 해결 방안을 마련할 수 있다.

영업직군 간의 연결:
경쟁을 통해 건전하게 성장하라

앞서 살펴본 바와 같이 영업직군은 다른 직군에 비해 정보에 대한 교류가 충분하지 않다. 그 기저에는 경쟁에 대한 이슈가 존재한다. 그도 그럴 것이 2014년 기준 통계청 정보에 의하면 전국 사업장 수는 3,576,876개다. 근로자와 자영업자를 포함하면 약 2천만 명이 자신들의 사업현장에서 경쟁을 하고 있다. 이 중 서비스 및 판매직 종사자는 비정규직과 정규직을 포함하여 482만 8천명이다. 전체 근로자와 자영업자의 25.5%에 해당한다. 이외에 영업관리자와 B2B 분야의 영업담당자를 포함하면 최소한 600만 명의 영업 및 판매자가 이 직군에서 일하고 있다. 경우에 따라서는 우리나라의 영업직군 종사자를 800만 명으로 추산하기도 하는데, 해외 영업을 포함하면 아마도 그쯤 될 것이다. 정확한 숫자가 중요한 것이 아니라, 경쟁이 중요한 것이다.

10년, 아니 20년 전의 영업보고서나 사업계획서를 작성할 때 첫 문장을 어떻게 시작했는지를 떠올려 보자. '치열한 경쟁과 급변하는 환경으로 인해…'와 같이 시작했다. 오늘날은 상황이 달라졌을까? 절대 아니다. 아마도 '날로 격화되는 경영환경 속에서…' 내지는 '치열해지는 경쟁환경으로 인해…'와 같이 시작할 것이다.

영업에서 경쟁을 빼놓고 판매에 대해서 이야기하는 것은 무의미하다. 경쟁이 없는 독점시장에서의 영업은 별다른 존재가치를 갖지 못하기 때문이다. 하지만 경쟁이 무조건 부정적인 의미를 갖는 것은 아니다. 건전한 경쟁은 경쟁에 속한 모든 기업이나 개인에게 긍정적인 에너지를 낳게 한다. 오늘날 이탈리아 구두는 단연 세계에서 제일 좋은 명품 신발로 정평이 나 있다. 까다로운 이탈리아 고객들의 성향으로 인해 엄청난 불평불만이 쏟아져 나왔다. 하지만 경쟁이 없었다면 그러한 고객들의 불평이 제품을 개선하기 위한 노력으로 이어졌을까? 지금의 이탈리아 명품 신발은 고객들의 불만을 흡수할 수 있는 건전한 경쟁이 존재하는 시장에서 만들어졌다. 다시 말해 건전한 경쟁이 신발의 품질을 높이는 긍정적 에너지로 변화한 것이다.

세계적인 TV 제조업체인 소니를 제치고 세계 TV 시장을 석권한 LG와 삼성의 경쟁이 대표적인 사례가 될 것이다. 두 업체는 기술에 기반을 둔 건전한 경쟁을 통해 누구랄 것 없이 최고 품질의 TV를 만들기에 이르렀다. 냉장고에서도 동일한 현상이 벌어졌다. 두 업체는 냉장고의 용량 경쟁을 통해 0.1리터라도 더 큰 용량의 냉장고 개발을 위해 건전한 경쟁을 벌였다. 만일 두 업체가 경쟁을 하지 않았다면 아마도 지금의 TV 시장이나 냉장고 시장은 해외 업체에게 고스란히 빼앗겼을 것이다.

영업담당자 개인들의 경쟁도 이와 다르지 않다. 규모가 다소 작은 중소기업의 경우에는 혼자서 영업을 담당하기도 한다. 자신만의 방식대로 영업을 진행하고, 스스로 모든 것을 개척해 나간다. 하지만 영업 또한 다른 영업담당자가 어떻게 하는지를 배우고 익혀야 발전한다. 다른 경쟁자는 고객과 이야기를 어떻게 풀어나가는지, 새로운 고객을 어떻게 매료시키는지를 살펴봐야 한다. 실적이 부족한 상황이거나 일이 잘 풀리지 않을 때조차도 신선한 충격과 새로운 열정을 일깨우기 위해 열정을 갖고 영업을 진행하고 있는 경쟁자를 봐야 한다. 그러기 위해서는 영업하고 있는 경쟁자들을 만나고 소통해야 한다. 영업교육 프로그램에 참가하여 다양한 분야의 영업직군을 만나봐야 한다. 기존에 몰랐던 영업의 스킬을 배우고 익히는 목적을 넘어서 새로운 동기부여의 기회가 된다.

갇혀 있다면, 경쟁이 없는 공간에서 혼자만의 방식으로 영업을 하고 있다면, 새로운 방식과 새로운 환경이 도래했을 때 기존의 방식은 작동하지 않는다. 경쟁은 새로운 방식과 새로운 시도를 만들어 낸다. 그 치열한 경쟁이야말로 나를 한 단계 더 발전시킬 수 있는 기회라고 생각하기 바란다. 영업은 곧 경쟁이다. 그 경쟁에 현명하게 대처하는 가장 좋은 방법은 그 경쟁에서 살아남기 위해 발버둥치는 것이 아니라, 그 경쟁을 통해 성장하는 방법을 배우는 것이다.

예를 들어, 영업과 실행을 함께해야 하는 대표적인 직업이 강사다. 강사들은 자신들이 개발한 강의에 대한 영업도 해야 하고, 직접 강의도 해야 한다. 그런데 강의가 보장되어 있는 강사의 경우라면 어떨까? 시장에서 치열하게 경쟁해야 하는 강사에 비해 스트레스가 덜할 것이다. 또한 평가에 대해 다소 둔감하기 때문에 강의 내용에 있어서도 소홀해질 가능성이 크다(물론 그렇지 않은 경우도 있다). 시장에서 강의를 주업으로 하고 있는 강사는 강의와 영업이 생존과 직결되어 있다. 자신의 강의에 대해 홍보해야 할 방안을 수립하고, 강의를 진행하는 매 순간에 대한 준비를 철저히 한다. 교육생들의 강의평가에 대해 늘 민감하게 반응하고 강의안을 개선한다. 다른 경쟁 강사들의 강의 방식을 모니터링하고 배우며, 자신의 강의에 적용해보는 것을 게을리하지 않는다. 건전한 경쟁을 통해 스스로뿐만 아니라 강의 산업 전체의 질을 높일 수 있다.

이처럼 혼자가 아닌 건전한 경쟁은 자신과 자신이 속해 있는 전반에 긍정적인 에너지를 축적한다. 경쟁이 가진 속성 자체가 피로감을 높이고, 스트레스를 유발한다. 다만 그러한 경쟁을 어떻게 받아들일 것인가에 따라 성과가 달라진다. 특히 영업은 더욱 그러하다.

고객, 타 기능부서, 영업직군과의 연결은 단순한 만남을 의미하지 않는다. 연결은 기존의 한계를 극복할 수 있게 하고, 기존의 방식에 새로움을 더할 수 있게 한다. 영업에게 있어서 연결이란 영업을 존재하게 하는 가장 본질이다. 연결이 없는 영업은 활동하지 않는 영업이다. 활동하지 않는 영업에게 어떻게 성과를 기대할 수 있겠는가. 고성과를 내는 영업은 끊임없이 고객과의 연결을 시도하고, 다른 이해관계자들과의 협업을 이끌어 낸다.

영업이 혼자서 무엇을 할 수 있겠는가? 제품이나 서비스가 존재해야 하고, 고객이 존재해야 한다. 영업은 생산에서 판매까지 모든 이해관계자들과 연결되어 있다고 해도 과언이 아니다. 그 이해관계 속에서 영업은 맨 앞에 위치해 있다. 때로는 제품이나 서비스에 대한 고객의 불만을 해결해야 하고, 고객의 요구를 생산부서나 마케팅부서에 전달해야 한다. 그래서 영업은 훌륭한 조정능력을 갖추어야 한다. 고객사와 내부 조직의 요구가 충돌할 때 영업은 이를 조율해야 한다. 그 과정에서 수많은 사람들을 설득해야 하고, 수많은 장애물을 극복하면서 성과를 내야 한다. 만일 영업이 다른 기능부서나 고객과의 연결을 중요하게 생각하지 않는다면 아무런 성과도 낼 수 없다. 영업은 어찌 보면 새로운 연결을 만들어 가는 것이라 할 수 있다. 그 연결을 통해서 영업의 존재 가치를 인정받는 직업이다.

예를 들어 보자. 판매한 제품에 불량이 발생했는데, 수천만 원 상당의 고가 제품이다. 고객은 서비스센터에 찾아갈 테고, 심하게 불만을 토로할 것이다. 서비스센터의 엔지니어는 자신들의 규정에 맞는 서비스를 진행할 것이다. 하지만 고객은 기능에 대한 문제해결에만 관심이 있는 것이 아니다. 화가 치밀어 오르는 불만을 누군가가 들어줘야 한다. 그때 고객은 영업담당자에게 전화를 건다. 영업은 고객의 전화를 받고 당장 서비스센터로 달려간다. 그리고 고객의 마음을 진정시키고, 서비스센터 엔지니어에게 특별 관리를 부탁한다. 사실 제품 기능의 고장 수리는 특별 관리의 부탁 여부와 관계없이 잘될 것이다. 하지만 영업이 만들어야 하는 연결은 이런 것이다. 겉으로 드러난 문제에 대한 해결뿐만 아니라, 문제의 본질까지 해결할 수 있어야 한다. 문제를 둘러싸고 있는 이해관계를 파악하고 이를 해결하기 위한 적극적인 연결을 담당해야 한다. 만일 영업이 위와 같은 고객의 불편사항에 대해 서비스센터에서 잘 처리해줄 것이니 염려하지 말라는 말만 하고 전화를 끊었다면 어떻게 될까? 영업의 연결은 깊이 있고 끈질겨야 한다.

SALES INSIGHT

나-너-우리, 영업의 중심이 변하고 있다

고객사에서 키맨(keyman)은 구매에 대한 의사결정을 하는 핵심 중에 핵심 인물로, 아주 오랜 기간 동안 영업(특히 B2B 영업)에서 중요한 위치를 차지해 왔다. 이에 따라 키맨을 찾고, 더욱이 키맨과 친분이 있다고 하면 구매 성공률을 단번에 높이는 것으로 여겨졌다. 그래서 영업에서는 아주 오랜 동안 키맨을 찾는 것은 영업을 잘하는 것이라는 공식이 성립되어 있었다. 그리고 대부분의 영업회의에서 키맨을 찾으라는 요구를 받았으며, 키맨을 찾아야 한다고 교육을 받아 왔다. 칼 슈미트, 브렌트 애덤슨, 안나 버드(2015)* 또한 그들의 글에서 이와 같은 말을 하고 있다.

하지만 오늘날에는 키맨 한 사람에 의해 이루어지는 구매 의사결정은 점차 축소되고 있다. 미국의 CEB 그룹은 5,000개의 B2B 기업 관계자를 대상으로 설문을 진행한 적이 있다. 그런데 놀라운 사실은 각각의 프로젝트[혹은 딜(deal)]를 위한 구매확정 단계에서 키맨이 관여하는 그룹은 평균 5.4개에 불과했다. 즉 기존에 키맨을 중심으로 하던 구매 의사결정이 이제는 더 이상 탁월한 효과를 얻기 어렵게 된 것이다. 키맨 또한 자신을 중심으로

---

* Karl Schmidt, Brent Adamson & Anna Bird (2015). Making the consensus sale. *Harvard Business Review*, pp. 106-113.

한 구매 의사결정 과정에 대해 상당한 부담을 갖는 것으로 나타났으며, 대부분의 B2B 기업에서 구매는 이제 구매담당부서를 비롯하여 마케팅, 운영, 재무, 법무팀 등의 담당 임원들이 함께 참여하는 의사결정 구조를 갖게 되었다.

이러한 결과는 영업에게 판매에 대한 더욱 큰 부담으로 작용한다. 칼 슈미트, 브렌트 애덤슨, 안나 버드(2015)의 연구 결과에 의하면, 구매 의사결정권자가 한 명인 경우 구매 성공률은 81%, 2~4명인 경우는 약 60%, 6명인 경우에는 31%로 급감했다. 이러한 연구 결과로 미루어 볼 때 기존의 판매 방식에 새로운 전환점이 필요하다는 결론을 얻을 수 있다.

구매 의사결정권자 한 사람에게는 내가 잘하는 것을 최선을 다해 설명하면 되었다. 하지만 이제는 구매 의사결정에 영향을 미치는 모든 사람에게 이러한 '나'를 중심으로 한 설명이 통하지 않는다. 제품이나 서비스 구매에 참여하는 대상에 따라 구매에 대한 관심사항이 모두 다르기 때문이다. 예를 들어 구매팀 임원의 관심사항은 원가절감이나 품질에 대한 부분에 중점이 놓일 것이고, 법무팀은 향후 법률적 문제에 중점을 둘 것이다. 운영팀이나 기술팀은 가용성, 확정성, 성능과 같은 운영을 중심으로 한 가치에 관심이 놓일 것이다. 대표이사는 비용·절감이나 경제성에 많은 관심을 보일 것이다. 영업담당자 한 사람이 이러한 모든 사항을 통제하기에는 무리가 따른다. 고객사의 각 담당 임원은 해당 분야의 전문가들이다. 그런데 공급사의 영업담당자는 각 분야에 대해 깊이 있는 지식이 부족할 수밖에 없다. 이런 이유로 과거의 판매방식은 반드시 개선되어야 한다. 그렇다면 과거의 판매방식은 어떠했을까?

나를 중심으로 한 영업을 버려라

과거의 판매방식은 '나(I)'를 중심으로 이루어졌다. 나를 중심으로 한 영업방식은 내가 가지고 있는 제품이나 서비스를 고객의 요구(demand)와 무관하게 일방적으로 판매하는 방식이다. 다시 말해 나의 제품이나 서비스가 갖는 효능을 중심으로 고객을 설득해서 판매했다. 그렇다 보니 고객이 원하는 것보다는 내가 판매하고자 하는 제품이나 서비스를 중심으로 모든 영업활동이 이루어졌다. 고객을 만나면 우선 자랑부터 시작했다. 그 자랑이라는 것이 단순히 제품의 성능이나 효용성에 관한 것을 넘어설 때가 많았다. 즉, 고객의 눈높이를 무시한 채 무조건 설명을 이어 나갔다. 고객이 제품을 구매하지 않으면 수준이 낮아서 아직 우리 제품을 알아보지 못한다고 생각했다. 이때 셀링 포인트(selling point)는 '우리 제품은 참 좋다.', '우리 제품은 뛰어난 품질관리를 통해 경쟁사보다 탁월한 성능을 갖고 있다.', '우리 제품을 써 본 사람들은 다른 것은 절대 못 쓰더라.'와 같은 것들이다.

물론 이러한 영업방식이 효과적인 경우도 있다. 예를 들면 시장에서 월등한 위치에서 뛰어난 브랜드 명성을 갖고 있는 경우에는 가능하다. 시장에 처음 진입하는 제품으로서 구전효과를 통해 판매가 가능한 소수의 제품이 이에 해당된다. 고객이 스스로 알아서 찾아주니 그저 좋은 언변과 효능에 대한 자부심만 있다면 판매할 수 있다. 스마트폰으로 말하자면 삼성이나 애플을 들 수 있고, 화장품으로 말하자면 아모레퍼시픽의 설화수가 이러한 제품들이다. 없어서 못 팔고, 줄을 서서 기다려야 구매할 수 있는 제품들이다. 이런 제품을 가지고 영업을 하면 신바람이 날 것이다.

그러나 이러한 제품들 또한 제품의 성장 사이클(PLC; Product Life Cycle)이 변화함에 따라 치열한 경쟁 속으로 빨려들게 마련이다. 경쟁사들이 추격을 하고, 품질이 비슷한 제품들이 시장에 진입하게 되면 이때는 오히려 '나'를 중심으로 했던 판매방식이 벽에 부딪혀 아무것도 할 수 없게 된다. 그도 그럴 것이, 그동안 영업을 한 것이 아니라 물건을 판 것이기 때문이다. 물건을 판다는 것은 누군가가 찾아와서 돈을 지불하면 제품을 내어주는 행위다.

나를 중심으로 한 영업방식은 어떻게, 어떤 경로를 통해 제품을 판매할 것인지에 대해 충분한 준비가 되어 있지 않다. 그러한 상태로 너무 오랫동안 머물러 있게 되면 경쟁력을 잃게 되는 역효과가 발생한다. 여전히 나의 틀에 갇혀서 이렇게 좋은 상품을 왜 고객들은 알아차리지 못하고 사지 않는 것일까 한탄하게 된다.

나를 중심으로 한 영업방식은 결국 오래가지 못한다. 앞에서도 살펴보았듯이, 아무리 좋은 제품이라 할지라도 시간이 지남에 따라 치열한 경쟁 속에 놓이게 된다. 성장기가 지나 성숙기가 되어 경쟁사의 제품이 경쟁력을 갖게 되는 시점이 도래하면, 언제 그랬냐는 듯이 영업실적은 곤두박질치게 된다. 고객을 발굴하는 방법, 고객을 설득하고 협상하는 방법에 익숙해 있지 않은 상태에서 속수무책으로 고객을 잃게 된다. 고객은 더 이상 제품의 성능에 별 다른 관심을 보이지 않는다. 심지어는 성능이야 요즘 제품이 얼마나 좋은데 무슨 차이가 있을까 생각한다. 이때부터 영업담당자는 새로운 판매방식으로 중심을 옮겨야 한다.

제품이나 서비스가 경쟁사에 비해 월등히 우수하고, 브랜드 파워가 막강했던 때는 지나갔다. 그때는 '나'를 중심으로 한 판매가 가능했지만 지금은 아니다. 그런데도 많은 영업담당자들이 아직도 그때로 착각하고 판매를 하고 있다. 나를 중심으로 우리 제품의 성능이나 가격을 강조하고 있다.

고객의 중심으로 이동하라

자 이제, 새로운 영업의 다음 중심으로 이동해 보자. 나(I)를 중심으로 한 영업은 이른바 "I can do."와 같은 방식이었다. 나의 제품은 정말 좋고, 나는 정말 잘할 수 있으니 나에게 맡겨달라는 것이었다. 여기서 한 단계 더 발전하면 '당신(You)'을 중심으로 한 영업을 하게 되고, 비로소 고객을 바라보게 된다. 내가 고객의 문제를 해결할 수 있고, 나의 제품이나 서비스를 통해서 고객이 처한 문제나 바라는 욕구를 만족시켜 줄 수 있다고 하는 접근방식이다. 나(I)를 중심으로 한 영업방식에 비해 바람직한 방식이다. 고객이 원하는 것이 무엇인지를 고민하기 시작하고, 고객이 어떤 상황에 처해 있는지를 연구하기 시작하고, 고객의 성향과 고객의 구매구조를 분석해서 접근하기 시작한다. 이 정도가 되면 탁월한 성과를 낼 수 있다.

고객 중심의 영업에서는 다음과 같은 셀링 포인트가 존재한다.

'당신은 지금 이런 문제를 안고 있습니다. 우리 제품을 구매하시면 좀 더 나은 문제 해결책을 얻으실 수 있습니다.',

'우리가 제공하는 제품을 통해서 고객님은 ○○○과 같은 효과를 보실 수 있습니다.'

그리고 좀 더 현명한 영업담당자는 마케팅의 개념을 도입하기 시작한다. 고객을 세분화하고, 각 세분화된 고객에게 제시할 포인트를 따로 준비한다. 예를 들어 B2B 영업을 하는 담당자인 경우, 가격을 중시하는 고객, 성능을 중시하는 고객, 안정성을 중시하는 고객, 기술력을 중시하는 고객을 분류한다. 이후 각 고객별로 중시하는 포인트에 따라 셀링 포인트를 별도로 마련한다. 하지만 여기에도 분명히 단점은 존재한다. 대상 고객별로 고객의 욕구나 상황에 맞는 제품이 존재하지 않으면 안 된다. 단순한 영업 멘트만이 존재하고 실제 제품이 그에 상응하는 효능을 갖추지 못하면 오히려 고객은 사기를 당했다고 생각해 버린다.

고객을 중심으로 한 문제해결 중심의 영업은 이처럼 모든 고객의 문제를 해결하는 만능 솔루션을 제공해야 한다는 부담이 따른다. 사실상 그럴 수도 없을 뿐더러, 가능해도 엄청난 개발비용이나 관리비용을 지불해야 할 것이다. 실제로 대기업이나 글로벌 기업의 제품 라인업은 많은 고객의 욕구를 충분히 담고 있다. 자동차만 보더라도 현대/기아차의 제품라인업은 소비자들의 구매 욕구를 만족시킬 수 있을 만큼 충분하다. 하지만, 이런 정도의 투자를 할 수 있는 기업이 아니고서는 아주 다양하고 많은 고객의 욕구를 모두 커버하기에는 무리가 따른다. 그럼에도 불구하고 고객(You)을 중심으로 한 영업방식은 충분히 가치가 있다고 할 수 있다.

최종적으로 우리가 되어라

이제 영업의 중심이 최종적으로 옮겨가야 할 곳은 바로 '우리(We)'를 중심으로 한 영업 방향이다. 고객을 중심으로 한 영업방식은 'What's your problem? How can I help you?'를 물었다. 이제 우리를 중심으로 한 영업에서는 'We can solve it.'이라고 말한다. 여기서 가장 중요한 단어는 '우리(We)'이다. 고객과 영업담당자(혹은 공급사)가 고객의 문제를 동일시하고 접근하는 것이다.

이렇게 하면 공급사는 자사가 제공해 줄 수 있는 솔루션 범위 내에서만 문제해결의 방법을 찾지 않는다. 더 넓은 방식으로 고객사의 문제를 해결하기 위해 노력한다. 예를 들어 보자. A고객사는 자사의 인터넷 쇼핑몰의 검색속도를 높이고자 고민에 빠져 있다. A고객사는 자사의 인터넷 쇼핑몰을 구축한 업체에 이러한 고민에 대해 이야기를 했다. B공급사가 만약 '나(I)'를 기준으로 하는 영업을 했다고 하면, 무조건 나에게 맡겨달라고 이야기를 할 것이다. 그리고 B공급사는 자신들이 가지고 있는 기술 범위 내에서 고객사의 문제를 해결하기 위한 솔루션을 찾아 나설 것이다. 솔루션을 찾아 나서는 과정에서 '고객사(You)' 중심의 영업활동을 한다. 하지만 B공급사는 적절한 솔루션을 찾지 못한다. 그런데 문제는 이 시점에서 종종 발생한다. 대부분의 영업담당자는 자사가 보유하고 있는 가장 근접한 해결방안을 제시하고 이 방법이 최선이라고 영업을 한다. 우선 당장은 고객이 지니고 있는 문제가 해결되는 것처럼 보일 수도 있다. 인터넷 쇼핑몰의 검색속도를 높이기 위해서는 검색엔진의 알고리즘(algorithm)을 개선해야 한다. 하지만 B공급사는 자사가 보유하고 있는 높은 성능의 하드웨어를 제안한다. 이제 A고객사의 인터넷 쇼핑몰의 검색속도가 개선되었다. 하지만 몇 개월 지나지 않아 검색속도는 다시 제자리로 돌아간다. 하드웨어의 성능만큼 개선되었던 것으로 보였을 뿐이다.

그렇다면 B공급사는 어떻게 '우리(We)'를 중심으로 한 접근을 해야 할까? B공급사의 영업담당자는 고객의 문제를 공급사의 문제와 동일시해야 한다. 만약 우리(B공급사)가 구축한 쇼핑몰이 우리의 쇼핑몰이라면 이용 고객이 얼마나 불편하고, 이러한 불편으로 인해 발생하는 매출의 손실을 공감할 것이다. 이제 B공급사는 자사가 지닌 협력사의 네트워크와 오픈 소스* 그룹을 통해 해당 검색엔진의 알고리즘을 개선하기 위한 노력을 진행할 것이다.

B공급사는 몇 개월에 걸친 연구개발 끝에 고객사의 문제점을 완벽하게 개선할 수 있는 검색엔진을 A고객사에 공급하게 된다. 이 과정에서 발생한 비용은 단기적으로는 B공급사에게는 손실이 될 수 있다. 하지만 이러한 개선활동을 통해 고객사와 공급사는 장기적인 파트너가 될 수 있는 엄청난 가능성을 발견한 것이다. 뿐만 아니라, 이렇게 개발된 신기술은 다른 고객사에도 적용할 수 있다. 결과적으로 건

---

* 오픈소스 소프트웨어, OSS라고도 한다. 소프트웨어의 설계도에 해당하는 소스코드를 인터넷 등을 통하여 무상으로 공개하여 누구나 그 소프트웨어를 개량하고, 이것을 재배포할 수 있도록 하는 것 또는 그런 소프트웨어를 말한다. [네이버 지식백과] 오픈소스 인용.

전한 시너지를 통해 경쟁사에 비해 엄청난 우위를 갖게 된다.

아직도 많은 영업담당자는 고객사가 지닌 문제에 대해 현재 보유하고 있는 틀 안에서 움직인다. 그리고 이렇게 말한다. "영업이 제품에 대해 관여하는 것은 힘들다."라고 말이다. 과연 고객도 그렇게 생각할까? 고객은 공급사의 영업담당자로부터 제품이나 서비스를 구매하는 것이 아니다. 고객은 공급사로부터 제품이나 서비스를 구매한다. 그래서 우리(We)를 중심으로 한 접근방식을 위해서는 영업담당자뿐만 아니라 공급사 전체가 여기에 맞는 소통방식과 시스템을 갖춰야 한다. 어려운 문제이고, 결코 한순간에 이뤄질 수 없다. 그렇기 때문에 우리를 중심으로 한 영업방식을 이룬다면 이것은 커다란 경쟁 우위를 갖게 되는 것이다.

내(I)가 아닌 고객(You)을 중심으로 한 접근에서부터 우리(We)라는 공동체적인 영업방식은 다음과 같은 긍정적인 효과가 있다.

첫째, 고객과 우리 중심의 접근방식은 오래갈 수 있다. 영업현장에서 오랜 기간 동안 지속적으로 성과를 낸다는 것은 실로 대단한 일이다. 그만큼 경쟁도 치열하거니와 고객의 상황이 시시때때로 급변하기 때문이다. 고객을 중심으로 파트너가 될 수 있다는 사실 하나만으로도 영업의 성과는 지속될 수 있다. 고객과 파트너가 된다는 것은 영업담당자 혼자만의 생각이 아니기 때문이다. 고객 또한 영업담당자를 진정으로 파트너로 여긴다는 것은 다른 의미를 내포한다. 여기에는 오랫동안 쌓아온 복잡한 현상이 녹아 있다. 처음부터 서로를 믿고 의지하지는 못했을 것이다. 때로는 오해가 있었을 것이고, 때로는 소홀해지기도 했으며, 때로는 등을 돌릴 위기도 있었을 것이다. 그런 시간이 흐르고 흘러 영업과 고객 사이에는 끈끈한 무언가가 자리 잡는다. 고객과 영업이 오랜 시간 동안 함께할 수 있는 그 중심에는 반드시 필요한 것이 있다. 바로 '진심'이다. 영업이 한순간의 이익을 위해 고객에게 맞지 않는 것을 판매하면 고객은 언젠가는 돌아선다. 고객이 영업을 '그저 자신을 위해 일을 하는 을(乙)' 정도로만 생각하면 영업 또한 자신을 더 가치 있게 생각해 주는 고객에게 향하기 마련이다.

그 진심을 만들기 위해 첫발은 영업이 내디뎌야 한다. 그 출발점에서 먼저 생각해야 할 것이 바로 고객의 입장이다. 내가 잘할 수 있는 것이라서가 아니라, 고객에게 필요하고 고객에게 가치가 있기 때문에 제안하고 판매하는 것이어야 한다. 고객이 믿고, 나를 지치게 하고, 치욕스럽게 해도 '왜 고객이 그럴까?'라는 질문을 통해서 고객을 이해해야 한다. 하루 이틀이 아닌 몇 년에 걸친 그러한 노력들이 결국 결실을 맺게 될 때 진정한 영업이 완성되는 것이다.

둘째, 고객을 생각하는 동안 새로운 아이디어를 만들어 낼 수 있다. 앞에서 인터넷 쇼핑몰의 검색엔진 개선 사례에서 살펴보았듯이, 고객의 문제를 해결하는 동안 공급사는 새로운 아이디어를 통해 자신의 문제 또한 개선할 수 있다. 실제 글로벌 IT기업인 O사는 L사의 프로젝트를 진행하면서 발생한 문제를 해결하는 과정에서 소프트웨어의 품질을 대폭 개선하였다. 고객의 문제를 좀 더 깊이 있게 고민하는 과정에서 이처럼 자사의 문제점도 함께 풀어갈 수 있는 기회를 가질 수 있다. 고객사가 직면한 많은 문제점은 쉽게 풀리지 않는다. 쉽게 풀릴 문제라면 고객사에서 대응전략을 이미 수립하고, 이에 맞는 제품이나 서비스를 찾았을 것이다. 그래서 고객의 문제점을 해결하는 과정은 더욱 의미가 있다. 어려운 문제를 해결하는 과정에서 생성되는 새로운 아이디어와 접근방식은 탁월한 몰입을 통해서 나오기 때문이다. 평소 어떤 문제에 대해 특별한 동기가 없이 접근하는 경우와, 반드시 해결해야 하는 결정적 동인이 있을 때 보이는 태도의 차이라고 할 수 있다. 일상생활에서도 이런 경험을 한 번씩 해봤을 것이다. 정도의 차이는 있겠지만 평상시에 공부를 하는 것과 시험을 앞두고 공부를 하는 것은 몰입의 정도가 현저하게 다르다. 그 시험이 진급시험이라면 더욱 그러할 것이다. 평소에 관심이 없던 것들도 시험을 위해 찾아보고 외우고 몰입하는 과정에서 자신도 놀랄 정도의 집중력을 갖게 된다.

하물며, 고객사의 요청이 있을 경우에는 더욱 몰입하게 된다. 고객의 문제를 해결한다는 것은 경제적인 성과까지도 보장이 될 뿐만 아니라 향후 거래에 있어서도 매우 중요한 사안이기 때문이다. 더불어 고객의 문제를 해결한 이후에는 자신의 제품이나 서비스의 개선에 커다란 도움이 된다. 이런 과정을 통해서 자사의 제품경쟁력은 경쟁사에 비해 월등히 높아질 수 있다.

셋째, 고객의 신뢰가 쌓이면 파트너가 될 수 있다. 구매관리 부문에서 공급사의 등급을 구분하는 방식이 있다. 단순 거래만을 허용하는 경우가 있고, 금지되거나 일시 거래가 정지된 공급사도 있다. 품질기준을 만족하여 거래가 허용된 공급사를 포함하여, 전략적 파트너 관계를 형성하는 공급사도 있다. 전략적 파트너 관계에 있는 공급사는 거래에서 우선순위를 차지하며, 품질보증에 대한 별도의 검수 절차를 거치지 않는다. 또한, 거래 가격에 있어서도 다양한 혜택을 제공받는다. 제품 개발에 공동으로 참여하여 이익을 나누기도 한다. 고객사의 교육과정에 자유롭게 참석할 수 있으며, 투자와 같은 경제적 지원도 받게 된다.

이제 영업은 자신의 세일즈 토크(sales talk)를 점검해 봐야 하며, 고객의 문제에 대해 어떻게 대응하고 있는지를 스스로 평가해 봐야 한다. 판매에 급급한 나머지 내 자랑만 하고 있지는 않은지, 고객이 당면한 문제에 대해 도움을 요청할 때 내가 가지고 있는 솔루션 범위만을 고집하고 있지는 않은지, 하던 말을 잠시 멈추고 생각해 보자. 나보다는 고객, 그리고 최종적으로 우리라는 마음으로 영업의 중심을 옮겨 보자. 분명 지속 가능한 성과가 함께할 것이다.

영업이 항상 경계해야 하는 것이 있다. 바로 조급한 마음이다. 판매를 해야 한다는 조급함이 고객이 아닌 나를 중심으로 모든 것을 생각하게 만든다. 고객에게 어울리지 않는 제품을 판매하고, 고객에게 불필요한 것을 강요하며, 고객에게 장기적으로 문제가 될 수 있는 시스템을 제안한다. 영업은 조급한 마음을 버리고, 고객을 생각하고 고객의 입장에서 고객에게 무엇을 해줄 것인지를 결정해야 한다. 내가 판매하는 제품이나 서비스가 고객에게 어떤 효능과 경제적 이익을 가져다줄 수 있을지 끊임없이 고민해야 한다. 그것이 파트너로서의 자세다. 나와 고객을 일치시키는 것이야말로 영업이 할 수 있는 최선의 태도다.

내가 고객이라고 가정한다면, 나는 과연 어떤 영업담당자를 선호하겠는가? 진심으로 나를 위해 노력해주는 영업담당자가 아닐까. 고객을 판매의 대상으로 해석하는 순간 영업의 본질은 파괴된다. 고객은 나를 통해 기뻐해야 하며, 성장해야 한다. 또한 고객은 나를 성장하게 하는 소중한 파트너. 영업이 존재하는 단 한 가지 이유는 고객으로부터 나온다는 사실을 잊지 말자.

SALES INSIGHT

■ REFERENCE

구자원(2015). "화살이 좋다고 과녁에 맞는 게 아니다! B2B 영업, 고객 위한 방향부터 잡아라". 동아비즈니스리뷰, Issue 1, No. 172, pp. 164-167.

구자원(2015). "Share+Harmony+Interface+Field+Target. 전략과 실행 일치한 'B2B 영업' 키워드". 동아비즈니스리뷰, Issue 2, No. 175, pp. 113-117.

구자원(2015). "'성공 or 실패' 영업은 기복 심한 일, B2B 영업, 장기적 안목으로 평가를...". 동아비즈니스리뷰, Issue 2, No. 181, pp. 116-123.

구자원, 최용주, 전중훤(2014). B2B 영업전략. 한나래출판사.

신시아 A. 몽고메리 지음, 이현주 옮김(2012). 당신은 전략가입니까(*The Strategist: Be the Leader Your Business Needs*). 리더스북.

Frank Cespedes (2014). Putting sales at the center of strategy. *Harvard Business Review*.

Jay B. Barney & William S. Hesterly (2010). *Strategic Management and Competitive Advantage*, 3rd. ed., Pearson Press.

Karl Schmidt, Brent Adamson & Anna Bird (2015). Making the consensus sale. *Harvard Business Review*, pp. 106-113.

March (1991). Exploration and exploitation in organizational learning. *Organization Science*, Vol. 2, No. 1, pp. 71-87.

Toman W. Leigh, Thomas E. DeCarlo, David Allbright & James Lollar (2014). Salesperson knowledge distinctions and sales performance. *Journal of Personal Sales & Sales Management*, Vol. 34, No. 2, pp. 123-140.

http://economy.hankooki.com/lpage/society/201504/e20150407133525117920.
htm

http://leeconan.com/110143268084

http://navercast.naver.com/contents.nhn?rid=75&contents_id=223

http://scienceon.hani.co.kr/34478

http://tvpot.daum.net/mypot/View.do?clipid=56848258&ownerid=GCnVX
mhCmBs0

http://www.ddaily.co.kr/news/article.html?no=51160, http://www.lgcns.
co.kr/LGCNS.GHP.Main/News/NewsDetail?SERIAL_NO=1241

http://www.thescoop.co.kr/news/articleView.html?idxno=15401